청년 붓다,
대자유의 길을
찾아 떠나다

KB208532

청년붓다,

대자유의 길을
찾아 떠나다

박이오 글

운주사

서문

불교의 창시자는 석가모니이다. 지금으로부터 2,600년도 더 이전에 인도 중부의 사위성에서 태어났다.

그의 일생은 크게 다음과 같이 나뉜다. 탄생, 성장, 출가, 깨달음, 전법, 그리고 죽음. 자세한 것은 그에 관한 각종 설화, 전기, 경전 등에서 풍부하게 확인할 수 있다.

『자따까』, 『불소행찬』, 『불본행집경』, 『석가여래행적송』 등은 그 대표적 전기이다. 이들은 기원전 4세기부터 14세기 사이, 인도·중국·조선 등지에서 성립되었다. 물론, 그 이외의 지역에도 석가모니의 전기가 없지는 않을 것이다. 불교는 시대와 장소를 넘은 세계 종교이기 때문이다.

그 교주인 석가모니의 전기는 당연히 그에 걸맞는 형식과 내용으로 엮어져 있다. 불교의 석가모니뿐만 아니라 다른 종교의 교주라도 여기에는 예외가 없을 것이다. 물론, 불교 이외의 종교는 잘 알 수 없기에 필자로서 이에 대해 자세히 언급하기는 곤란하다. 단, 그동안 석가모니의 여러 전기를 접하면서 필자가 느꼈던 점은 다음과 같다.

첫째, 신비하고 모호한 내용이 많다. 둘째, 유소년기의 기록이
빈약하다. 셋째, 성장기의 수련 및 학습 내용이 불분명하다. 넷
째, 출가 동기가 수동적이고 소극적이다. 넷째, 깨달음의 과정
과 내용이 추상적이다. 다섯째, 일상의 삶이 교훈적인 언행으
로 점철되어 있다.

이 책을 집필하면서 필자가 특히 유의한 점은 둘째 및 셋째이
다. 하지만, 이러한 점을 보충하고 새로 드러내기 위해 자료를
폭넓게 이용하지는 못했다. 불교 내부의 관련 문헌은 질과 양
에서 더 새로울 것이 없다는 점도 어려움의 하나였다. 오히려,
고대 인도의 정치·사회·종교 제도 등에서 시사를 받은 바가
컸다.

이제 그 결과물을 조심스럽게 독자들 앞에 바친다. 어설프고
뒤늦은 필자의 시도에 관심과 질정을 함께 기대하면서……

다른 이야기 하나.
이 시리즈는 대체로 체계적 서술에 익숙한 독자들로서는 낯설
지 모르는 글쓰기 형식을 택했다는 것을 밝혀둔다. 1에서 2로,
2에서 3으로가 아니라, 그 순서와 배열이 불규칙한 비선형적

글쓰기 말이다. 이전의 딱딱하고 예측 가능한 서술 방식을 벗어난 것은 독자들에게 새로우면서도 동시에 번거롭다는 느낌을 줄 수도 있을 것이다. 부디, 그간의 지리함을 벗고 새 모습을 전하려는 필자의 성심이 독자들의 가슴에 닿기를 바랄 뿐이다.

서울 목멱서실에서 필자 씀

청년붓다,
대자유의 길을
찾아 떠나다

희미한 옛 시인의 그림자

폭풍에 할퀴인 들에도 꽃은 피고, 지진에 무너진 땅에도 샘은 솟으며, 불길에 그을린 흙에도 싹은 돋는다.

어디에선가 많이 들어본 듯한 말이다. 누군가 옆에서 입버릇처럼 중얼거리던 구절인 듯도 하고. 독자 중에도 분명 위의 글귀를 듣거나 본 사람이 있을 것이다. 뭔가 장엄하면서도 숙연해지는 느낌의 문장 아닌가? 말할 수 없이 비장하면서도 의연함이 묻어나는 일구 아닌가? 문장 속의 말 한마디 한마디가 참으로 드라마틱하다. 지난 시절, 시중을 떠돌던 '인간승리'의 구호가 문득 떠오르는 까닭이기도 하다. 거친 폭풍과 꽃, 절망의 지진과 샘, 그리고 파멸의 불길과 싹의 도저한 대비라니······

오래 전, 영화 상영에 앞서 보여주던 '대한늬우스' 중의 한 장면이 생각나는 사람도 있을 것이다. '이 시대 최고의 성공 지침서'라는 처세술 서적에서 읽었던 내용의 일부인 듯도 할 것이다. '백절불굴의 삶을 이어온 원로 정치인'의 자서전을 장식하고 있던 낡은 캠페인 한 자락인가 싶기도 할 테고……

이쯤 하여, 기나긴 불운의 터널 끝에서 찬란한 희망을 꿈꾸던 누군가의 초상화라도 하나 추억해야 하는 것은 아닐까? 혹은 갈증과 혼몽의 주행 끝에 막 결승점에 들어온 어느 마라토너의 눈물 젖은 회고담이라도 잠시 떠올려야 하는 것은 아닐까?

사실 이 웅변 같은 몇 마디 말의 주인공은 영국의 시인 바이런이다. 지금 이 땅의 애호가들 사이에서 읊조려지는 시는 대부분 우리 작가에 의한 우리 것들이다. 굴곡지고 변화 많은 요 근래의 우리네 삶을 기쁜 대로 혹은 슬픈 대로 노래하기에는 아무래도 우리 시인들의 절창만이야 할까? 하지만 얼마 전까지만 해도 유명 시인으로서 들먹여지던 이름은 거의 이방인 일색이었다. 하이네, 릴케, 이백, 두보, 소동파, 한유, 프로스트, 구르몽, 괴테, 휘트먼, 셸리, 푸쉬킨, 예이츠, 보들레르, 워즈워스, 곡또…… 바이런도 그중의 한 명이었다.

1788년 영국 런던 출생. '미치광이 존'이라는 별명의 귀족과 부유한 상속녀 사이의 외동아들로 태어남. 방탕한 아버지의 이른 죽음과 냉담한 성격의 어머니, 선천적 다리기형 등으로 불행한 유년시절을 보냄. 10살 때, 가문의 작위를 이어받아 영주가 됨. 케임브리지 대학 시절 첫 시집 발간. 세습 상원의원으로서 장기간의 유럽 여행에 오름. 산업혁명기, 방직공들의 소요에 대한 정부의 탄압에 열변으로 항의하는 등 사회문제에도 관심을 보임. 이후, 삶의 권태와 동경을 담은 자유분방한 시집을 통해 '아침에 일어나보니 유명해졌다'는 자신의 말대로 대중의 인기를 얻음. 일련의 여성 편력, 뒤 이은 결혼과 이후의 별거 중에도 정력적인 시작을 이어감. 이탈리아의 한 정치단체에 관여하여 관헌의 감시를 받던 중, 터키의 압제에 맞선 그리스 독립 운동을 도우러 갔다가 1824년 말라리아로 사망. 시성 괴테로부터 '금세기 최고의 천재'라는 찬사를 받음.

그를 유명하게 만든 것은 시만이 아니다. 격언 혹은 명언이라고 하던가! 누군가의 삶에서 우러나온 '굵고 짧은' 지혜와 교훈의 어구 말이다. 바로 위의 명언 하나만으로도 그는 지구 반대편인 한국 땅에서 유명인이 된 지 오래이다. 아니, 장황한 시구보다 촌철살인의 명언 한 줄이 그의 성가를 높이는 데에 더욱 기여했다는 것이 바른 표현일 것이다.

이에 대한 오랜 애호와 성원은 우리 사회의 뿌리 깊은 '성공 조

건설' 혹은 '운명 순환설'에 기인하는 것인지도 모른다. '음지
가 양지 되'고 '고생 끝에 낙이 오'며 '굳은 땅에 물이 고인다'
는…… 그리고 '한 달이 작으면 한 달이 크'고 '오르막이 있으
면 내리막이 있'으며 '태산을 넘어야 평지를 본다'는…… 바이
런의 이 말은 지금까지 이 땅 모든 '대망론자' 및 '낙천가'들의
도전욕을 들끓게 하는 펌프질의 마중물이요 출발 총성에 다름
아니었다. 뒤 이은 모진 세월을 달관으로 건너게 해주는 인고
의 갑옷이기도 했고……

도시의 오아시스

그의 삶만큼이나 비장하고 격정적인 이 일구! 문득 그것을 떠
올린 것은 다른 까닭에서가 아니다. 우리가 사는 이 도시! 먹고
잠자고 일하고 놀고 걷고 구르는 삶의 온 터전으로서의 이 도
시 말이다. 물론, 이 글의 독자 모두가 도시인인 것은 아니겠지
만…… 그 도시가 어쩌면 바이런이 외치는 '폭풍에 할퀴인 들'
이요, '지진에 무너진 땅'이요, '불길에 휩쓸린 흙'이 아니겠느
냐 하는 생각에서이다.

"웬 생뚱맞기는……"

필자를 향한 조소와 비아냥이 돌연 화살비로 날아드는 듯한
느낌이다. 내가 너무 소심한건가? 아니, 이 온갖 재미와 놀라
움이 밀물로 넘쳐나는 도시가 뭐 어쩌고 어째? 먹을거리, 입을
거리, 볼거리, 사는 집을 놓고 한번 말해 보자. 어디 이보다 더
근사하고 이보다 더 풍성한 곳 있으면 함 나와 보라고 그래! 폭
풍? 비바람 때문에 도회지 빌딩의 지붕이 날아가고 벽이 무너
졌다는 얘기 들어 보았수? 지진? 몇 날 며칠을 안전하게 대피
할 곳이 여기보다 더 많은 데는 없을 걸! 불길? 전화 한 통이면
득달같이 달려오는 빨간 소방차들이 난 항상 든든하다우!

그래! 엄연히 이곳의 한 주민인 당신의 발언에 어찌 틀림이 있
을 수 있을까? 무엇이든 빛나고 넘쳐나는 곳이 바로 우리의 이
'축복받은' 도시 아니던가? 엄정한 규격과 품질을 갖춘 온갖
편의시설들이 우리의 몸과 마음을 요람처럼 보살펴 주는 곳!
그 현란한 브랜드의 난해한 명칭은 마치 낯선 신화 속 수호신
들처럼 우리 삶을 겹겹이 진치고 둘러서 있다. '당신의 호흡,
당신의 눈빛 하나까지도 편히 모시겠습니다. 궁극의 행복! 우
리 도시, 우리 왕국의 디엔에이입니다.'

그럼에도, 도시에는 여전히 우리가 기다리는 꽃은 피지 않는다. 우리가 기다리는 샘은 솟지 않는다. 우리가 기다리는 싹은 돋지 않는다. 최신의 방재 장비도 꽃송이 하나 피우지 못한다. 견고한 대피 시설도 샘 줄기 하나 솟게 하지 못하고…… 빨간 소방차의 신속한 행렬 역시 새싹 하나 틔우지 못하기는 마찬가지! 꽃 대신 피어나는 것은 이익을 저울질하는 가면의 미소! 샘 대신 흐르는 것은 마음을 헤집는 날선 대화! 싹 대신 돋아나는 것은 이유를 알 수 없는 어두운 분노!

도시인의 눈빛은 불안하기만 하다. 우리 자신 또한 그 떨리는 눈빛과 숨소리의 주인공 가운데 하나 아니던가! 불안한 도시인의 불안한 발걸음이 닿는 곳은 어디일까? '폭풍에 할퀴'이고 '지진에 무너'지고 '불길에 그을린' 폐허의 땅에도 '안전지대'는 있는 것일까? 음흉하고 메마른 사막에 다름 아닌 도시의 속살! 울긋불긋 꽃 피고 찰랑찰랑 샘 솟으며 파릇파릇 싹 돋는 우리의 '오아시스'는 어디쯤일까?

오아시스 가는 길

잠 못 이루는 사람에게
밤은 길고
갈 곳 모르는 사람에게
길은 멀어라

불교 경전에 나오는 깨달음의 노래 한 구절이다. 경전의 이름은 '동방의 성서'로 불리는 『법구경』. 그것은 '잠 못 이루는 사람에게 밤은 길다'고 갈파한다. '갈 곳 모르는 사람에게 길은 멀다'고 환기한다. 아득히 꽃과 샘과 싹을 그리는 이들에게도 밤은 길기만 할까? 가야 할 길 또한 멀기만 할까?

때 늦은 도시의 불빛은 낯설기만 하다. 밤을 지키는 사람들의 눈망울에 성난 새처럼 떼 지어 달려든다. 한밤중의 그것은 점령군처럼 도시를 압도한다. 불안의 속내도 불빛과 같지 않을까? 그 앞에서 쉬이 잠들 수 있는 이는 아무도 없다. 불면의 아침, 허옇게 탈색된 꿈만이 생채기 난 밤을 증언할 뿐.

많은 사람들이 불교에서 오아시스를 찾았다고 한다. 황량한 사막을 건너온 대상과 나그네의 쉼터 오아시스! '불교가 바로 오아시스'라는 그 고백에 이르러서는 더 이상 진심을 의심하기 어렵다. 한 번도 그곳을 그리워한 적 없는 사람들로서는 그저 입 다물고 고개만 끄덕일 수밖에! 그들은 도대체 무엇에 굶주리고 목말랐던 것일까? 무엇에 불타면서 괴로워하고 있었던 것일까?

'사람에 따라서는……' 하고 그들의 안착을 시큰둥해 할 수도 있을 것이다. '누구에게는 약인 것이 다른 누구에게는 독'이라 하며 손사래를 치는 경우도 있을 테고…… '독'이라 생각하는 이라면 그것을 잘 피하기 위해서라도 불교를 미리 살펴볼 일이다. '약'이라 여기는 이라면 행여 더 없는 양약인 줄 모를까 거듭 이를 되새겨볼 일이다. 먹어 보지 않고 어찌 약과 독을 알 수 있을까 생각하는 웅숭깊은 이들이 있어 그 소개는 더욱 값지리라. 이들을 핑계로 띄엄띄엄 불교의 얼개를 더듬어 본다. 부디, 한 걸음 한 걸음 오아시스의 청량함 누리시기를.

불교가 있다

'불교는 미래의 종교'라고 흔히 말한다. 이에 관해 사람들 사이에 일정한 공감대가 형성되어 있다는 것도 어느 정도 사실이다. 이는 불교가 지금도 종교로서 기대만큼 역할하고 있음을 전제한 말일 것이다. 현재 없이는 미래도 없고 과거 또한 없기 때문이다. 반대로, 그것은 불교가 종교로서 제 빛을 발하려면 좀 더 시간이 필요하다는 말로 읽을 수도 있다. 물론 이에 대한 판단은 각자의 몫이다.

불교가 인류의 미래 문제에 대해 전능한 해결사가 될 수는 없을 것이다. 지난 불교사를 돌이켜보는 것만으로도 이는 누구든 공감할 수 있을 터. 그렇다면 불교가 어떻게 미래의 종교가 될 수 있다는 말일까? 불교를 미래의 종교로 꼽기 주저하지 않는 사람들의 이에 대한 변명은 다음과 같다.

첫째, 불교는 인간적이다. 인본주의 혹은 휴머니즘이 그것이다. 잘 알다시피, 불교의 출발은 인간의 죽음에 대한 석가모니 개인의 의문에서 비롯한다. 아무도 해결해주지 않는 검고 어두운 소멸에의 공포! 젊은 왕자는 문자 그대로 자신의 모든 것을 걸고 전면적인 대응에 나선다. 이어진 '출가', 그리고 '깨달음'을 통해 결국 인간의 죽음 뒤에 감추어진 비밀을 밝혀낸다. 자신을 비롯한 인류 보편의 문제를 철저하게 인간적인 방법으로 캐냈던 것! 불교란 그 일체의 과정 및 결과에 다름 아니다. 물론, 이후 불교의 넓이와 깊이를 지속적으로 확장해온 관련자들의 노고도 잊어서는 안 될 것이다.

종교를 다루는 학문에서, 인본주의의 반대말은 신본주의. 사람이 아닌 신 중심의 사고를 말한다. 기독교 및 회교 등이 대표적이다. 이상한 것은, 불교야말로 인간이 아닌 신 중심 아닌지 문득문득 생각된다는 점이다. 절에 가든 불경을 읽든, 처처에서 우리는 신을 만난다. 그 규모는 우리 생각을 가볍게 뛰어 넘는다. 그리스 신화나 로마 신화는 차라리 소박하다. 중국, 북유럽, 아프리카의 어떤 신화도 비교가 안 된다. 불교의 신은 혼자가 아니다. 대부분 수십 수백만의 거대한 무리를 짓는다. 그리고 그 무리가 다시 수십 수백만 수십억을 헤아린다. 불교의 우주관대로라면, 우주에는 무한한 세계가 있다. 그리고 무한한 신들이 있다. 인간은 오히려 그 틈의 소수자에 불과하다. 불교가 신 중심이라는 것은 틀린 말이 아니지 않는가?

신의 숫자만으로 보면 그 주장도 충분히 일리는 있다. 불교 발달과정상, 후기에 등장하는 대승불교에서는 특히 그러하다. 하지만 이들은 정작 불교와 아무 상관도 없다. 이전부터 인도 사회에 전해 오던 것을 후일 불교에서 수용하고 종속시킨 것에 지나지 않기 때문이다. 한마디로 깨달음 이후의 석가모니에게 항복하여 불교를 수호하고 그 수행자들을 돕기로 맹서한 존재가 바로 그들, 신이다. 여기에서 인간은 '신의 아들'이 아니다. 신의 주인이고 지배자이다. 단, 일정한 단계의 깨달음에 도달한 인간만이 그렇다는 것이 불교의 입장.

붓다 당시의 인도사상은 한결같이 인간의 자유의지를 인정하지 않았다. 신의 뜻이거나 숙명적이거나 우연에 의해 모든 것이 이루어진다고 보았다. 붓다는 이에 대해 인간이 죄를 지어도 그것 또한 신의 뜻이고 숙명이고 우연이므로 죄를 지은 인간에게 벌을 줄 수가 없지 않느냐고 반문하면서 비판하였다. 붓다는 자신이 지은 행위에 대한 결과는 붓다를 비롯한 어느 누구도 이를 대신할 수 없으며, 자신을 구할 자는 자신밖에 없다고 하였다. 그러므로 붓다는 입멸에 이르러 마지막 가르침으로 '자신을 의지하고 자신을 등불로 삼으라'고 하였다.

  - 이철현, 『붓다의 근본가르침』

그것은 심지어 그 교주인 석가모니의 신격화 앞에서도 '인간 승리'를 선언한다. 교주에 대한 맹목의 추앙이야말로 종교인들이 빠지기 쉬운 유혹이요, 타락의 지름길이다. 자신은 물론 타인에게도 이를 강요함으로써 인간성 상실과 종교적 착취라는 심각한 부작용을 낳는 까닭이다.

단하 선사가 낙양 혜림사에 머무르고 있을 때의 일이었다.

쌀쌀한 날씨를 견디다 못한 선사, 법당 안으로 성큼성큼 발걸음을 옮겼다. 등에 지고 나온 것은 그 절의 상징이자 최고의 보물인 불상. 곧장 이를 도끼로 패어 아궁이에 불을 지폈다.

이 사실을 안 주지, 기가 막혀 숨이 넘어갈 듯한 목소리로 이유를 다그쳤다.

선사가 답했다.

"진짜 부처라면 사리가 나오지 않을까?"

주지가 외쳤다.

"목불에서 웬 사리? 이런 미친……"

선사가 말했다.

"사리가 없다면 웬 부처? 딱 불쏘시개감이로구먼."

둘째, 불교는 합리적이다. 허황된 믿음이 아닌, 지금 여기에서의 바른 앎을 중시한다.

한 젊은 왕자의 죽음에 대한 고뇌, 그리고 불멸에의 희구는 그 청춘의 영롱한 빛을 송두리째 꺾어놓는다. 식음을 전폐한 광인의 형상이 그 모습 아니었을까? 입으로는 말을 잃고 눈으로는 초점을 잃은 탈혼의 지경! 이미 결혼하여 처자식까지 거느린 그로서는 거듭 무책임하다는 비난을 면하기 어려웠을 터. 하지만, 어떤 이유로든 성인이 되어 뒤늦게 삶의 실상에 눈 뜬 순간 누군들 그와 달리 평소와 같은 평정심을 유지할 수 있을까?

고타마는 모든 것은 완전하고 영원하다고 생각하면서 성장했다. 붓다의 전기에 따르면 그의 부유한 아버지는 아들이 세상의 고통에 눈 떠 출가자가 되는 것을 막기 위해 사람들이 병들고 늙고 죽는다는 사실을 알아차리지 못하도록 했다. …… 물론, 늙거나 병들거나 죽는 것을 보지 않는다는 것은 불가능한 일이다. 붓다의 아버지가 아들이 어른이 될 때까지 이러한 삶의 모습을 보지 못하도록 하였다는 것은 역사적 사실로서 다소 무리한 점이 있다. 하지만, 성인의 전기로는 읽을 만한 가치가 있다고 본다. 고타마는 자라면서 근본적으로 세상을 잘못 이해했다. 다른 길이 있는데도 그는 한 가지 방식으로만 세상을 보았던 것이다.　　　　　　 - 공만식 역, 『인도불교사상』

출생 이래, 왕위를 계승하기 위한 싯다르타의 '제왕 수업'은 철저히 왜곡된 것이었다. 교사들은, 세상이란 즐겁고 달콤한 일 뿐이며 권력 앞에 불가능한 일은 아무 것도 없다고 가르쳤다. 청춘은 늘 피어나는 꽃처럼 아름답고 심신은 언제나 무성한 나무처럼 견고하며 생명은 저 넓은 하늘처럼 무한하다는 말도 잊지 않았다. 아들이 출가하여 붓다가 되기보다, 왕궁에 살면서 자신의 대를 이어 전륜성왕이 되어 주었으면 하는 부왕의 바람 때문이었다. 이와 관련한 내용은 몇 종류의 붓다 전기에서 공통적으로 발견된다.

왕은 우선 태자를 위해 계절마다 옮겨가며 살 수 있도록 3곳의 궁전을 지었다. 둘레에는 태자의 출가를 막기 위해 3중의 담장을 둘러쳤다. 크고 작은 연못을 조성하여 연꽃을 가득 심고 그 주변에도 화초를 심어 눈을 즐겁게 하였다. 시녀들로 하여금 태자의 목욕을 돕고 몸에 향을 바르며 철 따라 새 옷을 입히도록 하였다. 온갖 진미가 가득한 음식으로 갈증과 배고픔을 잊도록 하였다. 빼어난 미녀들을 시켜 밤낮으로 춤과 노래가 끊이지 않도록 하였음은 물론이다. 궁 안 생활이 싫증나면 시종들과 함께 3십여 기의 기마대가 호위하는 마차를 타고 교외로 나들이하도록 하는 배려도 잊지 않았다.

부왕의 이러한 눈가림은 오래 가지 못했다. 어느 날, 태자가 다시 나들이에 나선다는 말을 들은 왕은 서둘러 시종들에게 전과 같은 명령을 내린다. 병자, 노인, 장례행렬 등, 태자의 마음을 언짢게 할 만한 것은 도중에 일절 눈에 띄지 않도록 하라는 것! 이른바 철통같은 '심기 경호'였다. 하지만 지나치면 모자람만 못하다고 했던가? 그 날, 그는 부왕이 그토록 우려하던 삶의 실상을 적나라하게 목격한다. 태어나 늙고 병들어 죽는 것이 그 자신을 비롯한 모든 존재의 길이라는 것을…… 그것은 지금껏 왜곡되고 오도되어 온 그의 삶에 일대 전환을 예고하는 사건이 아닐 수 없었다.

생로병사의 뒤늦은 발견은 그에게 엄청난 충격이었다. 남들은 다 아는 것을 혼자만 몰랐다는 사실을 깨달은 순간의 열등감, 패배의식, 자괴감…… 상황을 그렇게까지 몰아온 주위에 대해 원망이나 회한 같은 것도 있었을 것이다. 철저히 속아 왔다는 사실에 대한 분노나 배신감도 대단했을 터이다. 한 쪽으로만 치우친 '잘못된 앎'의 예정된 결과였다. 그가 부모와 처자식을 등지고 한밤중에 돌연 출가를 감행한 일도 이와 무관하지 않을 것이다. 그가 다른 구도자들과 달리 바른 앎의 방법과 실천에 대해 깊이 탐구했던 이유도 여기에 있다고 본다. 그것은 다른 모든 종교로부터 불교를 구별하는 특이점이기도 하다.

지난 삶을 보상 받기라도 하려는 듯 그의 구도와 고행은 치열
했다. 그는 먼저 자신을 비롯한 세상의 모든 것을 바닥부터 의
심해 나아갔다. 보고 듣고 냄새 맡고 맛보고 느끼고 의도하는
것이 나와 남과 온 세상을 모양 지어 나아간다는 데에까지 사
색을 넓혀갔다. '나는 생각한다. 고로 존재한다'는 데카르트에
대해, 고타마는 '나는 보고 듣고 냄새맡고 맛보고 느끼고 의도
한다. 고로 존재한다'고 갈파했던 것. 그리고 마침내 '더 없이
딱 들어맞는 깨달음', 곧 무상정등정각에 이른다. 바른 앎 혹은
바른 인식의 극치에 도달한 것이다. 그것은 합리적이고 현실적
이며 동시에 인간적이고 자연적이기도 하다.

언젠가 많은 비구들과 함께 꼬살라 국을 유행하던 석가모니가
그곳의 께사뿌따 지방에 들렀을 때의 일이었다.
께사뿌따의 원주민은 깔라마 족. 그들은 곧 석가모니가 머무
르고 있는 곳을 찾아 길을 나섰다. …… 그들은 석가모니에게
이렇게 물었다.
"존자이시여, 께사뿌따에는 많은 사문과 바라문들이 찾아옵
니다. 그들은 자신들의 이론만을 주장할 뿐, 다른 사람들의 이
론은 비난하고 헐뜯고 멸시하여 갈기갈기 찢어 놓습니다. 존

자이시여, 또 다른 사문과 바라문들도 께사뿌따에 찾아옵니
다. 그들 역시 자신들의 이론만을 주장할 뿐, 다른 사람들의
이론은 비난하고 헐뜯고 멸시하여 갈기갈기 찢어 놓습니다.
존자이시여, 우리는 저 존경하는 사문과 바라문들 가운데 누
가 진리를 말하고 누가 거짓을 말하는지 의심스럽고 혼란스러
울 뿐입니다."

석가모니가 말했다.

"깔라마 인들이여, 그대들이 의심하고 혼란스러워하는 것은
당연한 일입니다. 의심스러운 것을 대하면 마음속에 당연히
혼란이 일어나기 마련이지요. 그대 깔라마 인들이여, 늘 듣던
것이라고 해서, 전통이 그러하다고 해서, 소문이 그렇다고 해
서, 우리 성전에 써 있다고 해서, 짐작하기에 그렇다고 해서,
원칙이 그렇다고 해서, 그럴싸한 추리라고 해서, 곰곰이 궁리
해낸 것이라고 해서, 무언가에 대한 선입견 때문에, 그럴듯한
능력을 가지고 있다고 해서 누군가의 말을 그대로 따르지는
마십시오. 그대 깔라마 인들이여, 스스로 '이것은 나쁜 것이고
이것은 비난받을 일이며 이것은 지혜로운 이에게 책망 받을
일이고 이것은 행하면 해롭고 이것은 행하면 괴롭다'고 깨닫
는 순간, 바로 그것들을 버리도록 하십시오."

- 『앙굿따라 니까야』 3:65

셋째, 불교는 관용적이다. '자비무적', 곧 자비심 앞에는 어떤 적도 없다는 것이 그 가르침.

세계는 서로 급속도로 가까워지고 있다. 기술적이며 심정적인 면에서 세계는 이미 한 마을 한 가족이다. 교통과 통신의 눈부신 발달 덕분이다. 친척이 당한 교통사고에 당연히 우리는 모두 가슴 아파한다. 동시에, 아프가니스탄의 어린 소년이 지뢰로 잃은 자신의 다리를 내려다보는 TV속 영상에도 우리는 슬픔을 억누르지 못한다. 이웃 마을의 소녀 가장이 올망졸망 동생들을 보살피는 모습은 당연히 우리를 눈물겹게 한다. 마찬가지로 배고픔에 지쳐 잠든 결에 수수깡 같은 손으로 파리를 쫓는 아프리카 어린아이의 모습에도 우리 눈시울은 금방 붉어진다.

그럼에도, 세상에는 가슴에 안는 순간 뜨겁게 데일 것만 같아 자꾸 등 돌리는 일들이 너무도 많다. 외면할수록 미덕이요 공감할수록 지탄 받는 일들로 인해 사람들은 늘 가슴속으로 자책한다. 다른 정당, 다른 소득, 다른 제도, 다른 문화, 다른 국가, 다른 생각, 다른 인종에 대해 불편해하고 배척한다. 정치적으로는 대립을, 경제적으로는 불평등을, 군사적으로는 충돌을, 문화적으로는 편견을, 인종적으로는 차별을, 종교적으로는 갈

등을, 사상적으로는 단절을 낳는다.

이러한 현상의 원인은 무엇일까?

탐욕과 진애와 치심, 곧 인간이 가진 욕망과 분노와 어리석음 때문이라고 불교는 갈파한다. 일상에서 우리는 늘 이들과 부딪친다. 더 소유하고 더 누리려고 더 지배하려는 욕망! 그리고 이의 좌절에 의한 분노! 그것은 마침내 이웃의 소중한 생명까지도 무시하고 짓밟는다. 모든 것들이 얽히고설켜 서로의 삶을 북돋워 준다는 사실을 모르기 때문이다. 바로 어리석음의 정체이다. 모든 생명이 조화롭고 평등하다는 것은 감상이나 동정에 의한 것이 아니다. 그것은 생명의 본질 그 자체로부터의 필연적인 귀결이다.

불자들이여, 자비로운 마음으로 모든 생명체를 놓아주어야 한다. 모든 수컷은 나의 아버지였거나 아버지일 수 있고 모든 암컷은 나의 어머니였거나 어머니일 수 있다. 언제 내가 그들에게서 태어났고 또 태어날지 모를 뿐. 그렇다면 인간과 짐승을 포함한 여섯 갈래의 생명체 모두 내 아버지이고 어머니이니, 그들을 잡아먹는 것은 곧 내 부모를 죽이는 것이며 내 옛 몸을 먹는 것이다. 흙과 물과 온기와 바람의 네 요소가 바로 나의 본체! 그러므로 내가 살고자 하면 항상 산 것을 놓아주어야 한다.

세세생생 몸을 받아 태어나는 것이 곧 내가 길이 머무는 법. 내가 죽임을 당하지 않으려면 남을 시켜서라도 산 것을 놓아주며 남들이 짐승을 죽이려 하면 방편을 다해 구해줄 일이니, 항상 보살계로써 깨우쳐주고 교화하여 중생을 제도해야 한다.
- 『범망경』

석가모니

불교의 교주이다. 문자 그대로 불교를 처음 창시한 사람, 혹은 주인공. 불교란 사실 그가 밝히고 내세운 가르침이 전부 아니던가! 불교라는 말 자체가 '불타의 가르침'인 이유이다. 불타란 붓다 혹은 부드하의 한자말 음역이다. 인도말의 '깨닫다'라는 동사 '부드흐'에서 갈라져 나온 말이 곧 붓다, 혹은 부드하이다. 우리말로는 '깨달은 자', 한자로는 '깨달을 각'자에 '사람 자'의 '각자覺者'이다. 나중에 인도로부터 중국에 불교가 전해지면서 이것을 소리 나는 대로 적은 것이 바로 '불타'라는 한

자말. 다시 중국을 거쳐 우리나라에 불교가 유입되면서 불타와 함께 불제라는 명칭이 들어와 우리말로 자리잡은 것이 곧 '부처'이다.

불타란 석가모니를 포함하여 그러한 가르침 혹은 깨달음을 이룬 일체의 존재를 일컫는 일반명사이다. 그러니까, 1억 년 전의 부처도 1만 년 전의 부처도 낱낱의 이름 대신 모두 불타 혹은 부처라는 한 이름으로 불리는 것과 같다. 그 가운데 가장 최근에 우리 곁에 왔던 부처가 바로 석가모니다. 이 점에서, 일반명사인 부처는 특별히 석가모니만을 가리키는 고유명사로 종종 쓰이기도 한다. 영어의 경우 일반명사로서의 부처는 buddha, 고유명사로서의 부처는 Buddha로 구분한다.

석가모니란, 석가와 모니의 두 말로 이루어진 한자어이다. 인도 현지어로는 각각 '샤끄야'와 '무니'이다. 앞의 것은 그가 속한 부족 이름이고, 뒤의 것은 '침묵하는 사람', '성자', '성인'을 뜻한다. 곧, 석가족 출신의 성자라는 뜻으로서 깨달음 이후 세상 사람들로부터 얻은 이름 가운데 하나이다. 참고로, 서기 1세기 전후 서북인도에 침입하여 새로운 날짜계산법을 창시한 사카족의 한자표기 역시 석가라는 점에 유의하기를……

태자 시절, 석가모니의 이름은 싯다르타였다. 그 나라 말로 '모든 것을 이루다'라는 뜻이라나…… 한자표기에서 그 이름이 '모두 실', '이를 달', '많을 다'의 실달다, 혹은 '실을 타'의 실달타인 이유도 여기에 있다. 하긴, 어느 부모인들 어린 자식이 장성해 세상 모든 것을 거머쥐기를 바라지 않을까? 우리의 육아의례인 돌잡이에서도 돈이든 책이든 양손이 넘치도록 집어드는 아이에게 더욱 환호하는 것이 평소의 인심 아니던가? 그리고, 그러한 염원이 서린 것이 곧 아이들 이름이고……

우리 이웃의 '대성'이니 '광성'이니 '만성'이니 하는 사람들이 바로 그 예일 것이다. '만덕'이, '만득'이, '만옥'이, '만순'이, '만길'이, '만준'이는 또 어떻고…… 어쩌면, 평강공주와의 로맨스로 유명한 온달 장군의 그 이름도 모든 것을 뜻하는 순수한 우리말 '온'에 한자의 '이를 달'자였는지도 모를 일.

'석가모니'가 깨달음 이후 그가 얻은 이름이라면, '고오따마 싯다르타'는 그 이전 그를 부르던 이름이었다. 다시 말해, 그 어머니인 마야 왕비 뱃속으로부터 세상에 나온 이후 35년 동안 한결같이 그를 따라다니던 세속의 이름이었다. 고오따마 싯다르타! 앞의 것은 그의 성이요, 뒤의 것은 이름이다. 성의 의미는 '훌륭한 소'며, 이름의 의미는 '모든 것을 성취하다'이다.

최고의 깨달음을 이루고 새로운 칭호를 얻기 전까지, 그것은 분명 그의 부모와 아내와 친척과 친구들의 입을 통해 수없이 불리고 되뇌어지던 정답고 소중하고 애틋하고 아름다운 이름이었으리라! 하지만, 입진개명! 거듭 태어나는 순간 그 사람의 이름도 달리 불리는 법! 석가모니는 나중에 중국 불교에서 한 자로 '석존'이 되고 싯다르타는 '실달다' 혹은 '실달타'가 된다.

사람이 중심이다

불교는 사람 중심의 종교이다.
이에 대한 선언은 석가모니의 탄생과 함께 한다.

태자로 태어나자마자 그는 먼저 신통력을 갖춘 눈으로 사방의 온 세계와 모든 존재를 살펴보았다. 그리고 어느 것도 지계와 선정과 지혜와 선근 이 모두를 자신만큼 갖추지는 못했음을 알았다. 순간, 그는 크게 외쳤다. '하늘 위와 하늘 아래에서 오직 나만이 존귀하다'고…… 그리고 동서남북상하의 6방을 향해 각각 일곱 걸음을 내딛었다. 발걸음마다 연꽃이 피어

올랐다.

  - 와타나베 쇼코, 『불타 석가모니』

불교는 '인간의, 인간에 의한, 인간을 위한 종교'이다. 인간이
그 주인이며 인간이 그 시작이며 인간이 그 목적이다. 그렇다
면 다른 종교는? 대부분 인간이 아닌 절대적이면서 초월적인
존재가 주인이며 시작이며 목적이다. 신이나 정령 혹은 산이
나 바위 등의 자연물이 여기에 속한다. 기독교의 하나님, 이슬
람교의 알라신이 대표적. 이들은 그 종교 안에서 그 신도들이
받드는 오직 하나뿐인 신, 곧 유일신이다. 기도하고 섬기는 대
상이 하나뿐이기에 그에 집중되는 숭배와 권위는 가히 절대적
이다.

순교

순교는 이들 종교에서 가장 큰 미덕 가운데 하나로 여겨진다.
이들에게 순교란, 그 신에 대한 최고의 신앙고백이요 천국에의
행복한 초대장에 다름 아니다. 지금도 그 신자들 가운데 믿음

을 위해 목숨까지 바치는 이들이 적지 않은 것도 이 같은 이유
에서이다. 물론 이는 누구의 강요에 의하지 않은 순전히 개인
적인 신념에 의한다. 어떤 형태의 순교든 자발적이고도 헌신적
인 것으로 평가받지 않으면 안 되는 이유도 여기에 있다.

불교 또한 순교와 무관하지 않다. 그 신자들 역시 자신의 믿음
을 위해 몸과 마음을 바친다는 점에서 다른 종교와 차이가 없
다. 평소 이들은 매일 3차례 행하는 일상 의례를 통해 '목숨 바
쳐 그 가르침을 따르겠노라'고 수십에서 수백 번씩 반복하여
다짐한다. 평소 '늘 준비되어 있는 죽음'이라는 점에서 불교에
서 바라보는 순교는 보다 자발적이고 자각적이다. 불교야말로
어떤 종교보다 투철한 순교의식을 갖고 있다고 말할 수 있는
이유도 여기에 있다. 이러한 사실에 대해 다른 종교인들은 과
연 어떻게 생각할지 궁금하기만 하다.

순교에 대한 불교와 유일신교의 시각은 반드시 일치하지만은
않는다. 단, 이에 대해 길게 말하는 것은 애초 이 책의 의도에
어긋나는 일! 마침, 불교 및 기독교의 서로 다른 순교관을 잘
보여주는 듯한 이야기가 있어 여기에 옮겨본다. 적절한 예인지
의 여부는 독자들의 판단에 맡기기로 하고……

한국전쟁 당시의 일이다.

국토 어디를 막론하고 산하는 온통 핏빛이었다. 같은 혈육끼리 죽고 죽이는 일이어서인지 그 빛은 서럽도록 붉었다. 남북 간의 피비린내 나는 살육전은 전쟁 기간 내내 좀처럼 수그러들 줄 몰랐다.

공산 치하의 한 지역. 병사들이 포로를 잡아왔다. 행색으로 보아 한 사람은 불교의 승려, 한 사람은 기독교의 목사였다. 다른 포로들도 많이 붙잡혀 와 있었다. 종교를 아편으로 몰아붙이는 저들의 위세 앞에서 둘의 목숨은 이미 풍전등화였다.

우두머리인 듯한 이가 두 사람을 윽박질렀다.

"너희 신을 부정하면 다른 사람들의 목숨까지도 살려 주겠다."

말을 마친 그는 각각 '부처님'과 '하나님'이라고 쓰인 종이를 그들 발밑에 던졌다. 그리고, 다시 다그쳤다.

"밟고 지나가라!"

잠시, 무거운 침묵이 흘렀다.

그리고 누군가가 먼저 발걸음을 뗐다. 승려였다. 그는 망설임 없이 '부처님'이라고 쓰인 종이 위를 저벅저벅 밟고 지나갔다. 그에게 발밑의 종이는 종이일 뿐이었다. '부처님' 또한 그 위의 글자일 뿐이고……

다른 한 사람은 종이 위로 걷기를 단호히 거부했다. '하나님'

이라고 쓰여 있는 종이가 자신의 발밑에 나뒹굴고 있다는 사실만으로도 충격이 극에 달한 듯했다. 시간이 흐를수록 그의 얼굴은 어둡게 굳어져 갔다. 나중에는 온몸을 부들부들 떨기까지 했다. 주위에 둘러선 포로들의 눈빛도 불안으로 덩달아 일그러져만 갔다.

이후의 일은 독자들 스스로 상상하시기를……

초파일

사월초파일, 초파일, 파일, 불탄절, 석가탄신일, 석탄절, 부처님 오신날…… 석가모니의 생일을 일컫는 우리의 명칭이다. 앞의 것들은 이전에 그 음력 날짜 그대로 이름 삼은 것이고, 뒤의 것들은 아마도 기독교의 성탄절을 의식하여 근래에 개칭한 것으로 보인다. 그 외에, 이에 딱히 어울리는 명칭은 따로 없을 듯하다.

기독교 교세도 미미하고 성탄절도 잘 모르던 시절에는 그냥 초파일이나 파일만으로도 충분했을 터. 이후 매년 연말 사람들의 들뜬 기분에 편승해 성탄절이 우리 사회에서 거의 3대 명절로 자리잡아가자, 불교의 초파일도 어느 새 석탄절 혹은 불탄절로 바뀌면서 행사도 대규모화된다. 나중에는 '불탄'이니 '석탄'이니 하는 그 어감도 좋지 않고 '성탄절'의 표절인 듯도 하다는 불평들이 있어 다시 '부처님 오신날'로 정해 오늘에 이른 것이다.

석가모니의 생년월일은 정확하지 않다. 2천 수백 여 년 전의 일이니 충분히 그럴 만도 하다. 하지만, 해마다 그 기념일에 모여드는 인파와 행사 규모를 생각하면 이러한 불명확함에 고개가 약간 갸우뚱해진다. 언제 태어났는지도 모르면서 이웃 생일잔치에만 눈이 어두운 군상이 떠올라서이다. 초상집에 가 실컷 울고 난 뒤 '누가 죽었냐'고 묻는다는 속담도 이와 무관하지 않을 듯.

석가모니의 탄생년월을 추정하는 방법에는 다음과 같은 것이 있다.

첫째, 중성점기설. 석가모니의 입적 곧 죽은 뒤에도 그 제자들은 해마다 한 번 같은 곳에 모여 수행을 이어나갔다. 안거가 그것이다. 안거를 마친 다음 그들은 자신들의 생활지침서인 율장에 점 하나씩을 찍어나가는 것도 잊지 않았다. 시계도 없고 마땅한 필기도구도 없었던 시대로서는 최고의 기억수단이었을 듯. 석가모니의 탄생년을 기원전 566년으로 추정하는 주장은 이에 의한다. 단, 그 점을 언제 최초로 찍기 시작했는지, 그리고 점의 수효가 몇 개인지 명확하지 않는다는 것이 맹점으로 남아 있다.

둘째, 아쇼까 왕의 즉위 전승에 의한 설. 인도 역사상 최초로 통일국가를 건설한 이가 아쇼까 왕이다. 인도의 각종 전승에 의하면 그가 왕위에 오른 것은 석가모니의 입적 이후 2백 년 되는 해였다고 한다. 역사기록이 소홀한 인도 땅에 당대의 사건을 이만큼 명확하게 전하는 것도 기적과 같은 일. 이에 의한 석가모니의 탄생년은 기원전 463년이다. 하지만, 이 역시 시점이 불분명한 석가모니의 입적으로부터 다시 그 2백 년 뒤의 확인되지 않은 전승을 근거로 하고 있다는 점에서 과연 의미가 있는지 반문할 수밖에 없다. 2개의 불명확한 사실 위에서 나머지 하나를 근거로 다른 하나를 확정한다는 것은 모순이 아닐 수 없기 때문이다.

오늘날 한국과 중국 등의 북방불교에서는 위의 둘 가운데 중성점기설을 따른다. 그리고 이는 인도 불교전파의 또 다른 경로인 스리랑카 등의 남방불교권에서 오래 전부터 채택해온 것이다. 1956년, 남방의 상좌부 불교 국가들은 그들의 불교전승에 따라 석가모니가 입적한 지 2500년 되는 해를 기념하여 제1차 세계불교도대회를 스리랑카에서 연다. 그리고 그 참가국들 사이에서 이를 공식 확인한다. 석가모니가 80살에 입적했다는 사실에는 그동안 이의가 없었다. 이에 의하면, 그의 탄생년은 2,500-1,956+80=624이다. 기원전 624년! 단, 서기 2013년 올해 현재 2557년인 불기년 역시 이에 의하되 석가모니의 탄생이 아닌 죽은 해가 그 기점이라는 점에 유의할 것!

출생일을 음력 4월 8일로 보는 것은 중국에 전해진 불경에 의한다. 석가모니가 탄생하고 출가하여 깨달음을 얻고 입적한 날을 모두 음력 4월 8일로 전하는 『반니원경』의 내용이 그것이다. 한국, 중국, 일본 모두 이에 의하되, 일본만은 음력 대신 양력으로 바꿔 이 날을 기념한다. 이에 대해, 남방 상좌부 불교에서는 인도의 역법에 따라 1년 중 두 번째 달 보름날 혹은 춘분에 해당하는 2월 8일을 석가모니 탄생일로 기념한다. 동지를 지나 낮 시간이 길어지기 시작하는 춘분을 새해의 시작으로 보았던 고대 풍습과 관련이 있다고 생각된다.

출생지

요즘, 젊은 사람들에게 출생지를 물으면 돌아오는 답변이 가관이다. '무슨 무슨 대학병원'이니 '어디 어디 산부인과'니 '모모 조산원'이니 하는 까닭이다. 이상할 것은 없지만 들을 때마다 낯선 느낌이다. 아직도 집에서 자연분만하던 시절을 떠올리는 필자의 우둔함 탓이다. 이런 내게 젊은이들은 또 얼마나 아픈 눈총을 겨누고 있을까? 더구나 한 번 들어박힌 고정관념은 쉽게 떨칠 수 없는 법. 딸아이의 출생지가 어디냐는 주위의 물음에 한 번도 '어느 어느 병원!'이라고 바로 답해준 적이 없으니……

석가모니의 출생지는 더욱 볼만하다. 물론, 태어나는 아이가 그 시간과 장소를 마음대로 선택할 수는 없다. 철저하게 그 부모나 외부 환경에 따를 수밖에 없는 것이다.

석가모니가 세상에 태어나기 직전의 상황은 이랬다. 산달이 가까워지자 석가모니의 어머니인 마야 왕비는 아이를 낳으러 친정집으로 돌아간다. 이런 일은 예나 지금이나 우리나라에서도 흔한 일. 전설에 의하면, 왕비 일행은 도중에 룸비니 동산에서 잠시 휴식을 취한다. 마침 왕비가 오른팔을 뻗어 그곳의 무우수, 곧 '근심을 씻어주는 나뭇가지'를 잡으려는 순간 그 옆구리로부터 아이가 태어난다. 싯다르타 태자이다. 그의 출생지가 병원도 조산원도 아닌 룸비니 동산으로 전해오는 이유이다. 호화로운 궁전도 아니고 잘 지은 비단 이불 위도 아닌, 풀과 나무가 우거진 지금의 야외 공원쯤에서 출생한 왕자는 아마도 석가모니가 세계에서 유일하지 않을까?

룸비니 동산이 석가모니의 탄생지라는 것은 1896년 영국의 고고학자들에 의해 발견된 아쇼까 왕의 표지석으로 충분히 입증되었다. 그 위에 새겨진 글을 옮겨 본다. '신의 보호를 받는 덕 높은 왕이 즉위 20년 되는 해에 친히 이곳에 와 공양을 올린다. 이곳에서 석가족의 성자 붓다가 탄생한 까닭이다. 그리고 돌기둥을 세우고 돌담을 만들도록 한다. 붓다가 이곳에서 탄생한 기념으로 룸비니 마을은 세금을 면제하고 또 생산량의 1/8만을 납부하도록 한다.'

오늘날, 룸비니 동산은 네팔의 영토에 속한다. 이름도 룸비니에서 룸민데이로 바뀌었다. 마야 왕비의 역사적인 출산을 기념하는 마야당 외에, 각국의 불교 사원들이 여기저기 들어서 있다. 1997년 유네스코에 의해 세계문화유산으로 지정되면서 세계적인 성지로 주목받고 있다.

천상천하유아독존

석가모니의 탄생에서 가장 주목할 만한 점은 그의 탄생 선언이다. '천상천하유아독존', 곧 '하늘 위와 하늘 아래에서 나만이 존귀하다'고 알려진 말이 그것이다. 전설에 의하면, 룸비니 동산의 석가모니는 세상에서의 첫 울음 대신 오른손으로는 하늘을 왼손으로는 땅을 가리키며 그같이 외쳤다고 한다. 단, 이 어구는 전체의 일부분에 불과하다. 온전한 형태로서 현재 가장 널리 알려진 것은 '천상천하유아독존天上天下唯我獨尊 삼계개고 아당안지三界皆苦我當安之'이다. '하늘 위와 하늘 아래에서 나만이 존귀하다. 삼계가 온통 고통뿐이니 내가 반드시 이를 평안케 하리라'는 것이 대략의 의미이다.

하지만 이는 불교에서 가장 잘못 이해되고 있는 말 가운데 하나이기도 하다. '석가모니, 세상에서 저밖에 모르는 인간이잖아!' '나도 없고 남도 없다는 그 가르침은 그럼 뭐란 말인가?' '제일 중요한 것은 역시 나밖에 없다니까!' '산속에서 문 닫아

43

걸고 도 닦는 자들에게 딱 어울리는 슬로건이네!' '천하에 저보다 잘난 사람은 없다니, 우물 안 개구리 아냐?' '아니, 세상에 갓 태어난 어린애가 어찌 그렇게 심한 말을!' '이거, 정말 석가모니가 한 말 맞아?'

이 어구가 발견되는 곳은 중국에서 번역한 한역 경전이다. 그 숫자도 『대본경』, 『수행본기경』, 『보요경』, 『불본행집경』 등 꽤 여러 종류에 달한다. 그렇다면 인도 불교에서 그 원형을 담고 있는 경전은 어떤 것일까? 빨리어 경전 가운데 하나인 『마하빠다나수따』의 해당 부분을 우리말로 옮기면 다음과 같다.

나는 세상의 제일 앞이다. 나는 세상의 제일 위이다. 나는 세상의 최고이다. 이것은 나의 마지막 생이다. 이제 다시 태어남은 없다.

중요한 것은, 그 유래와 관련하여 위의 경전에서 밝히고 있는 내용이다. 다름 아닌, 이 말의 주인은 석가모니가 아니라 그보다 까마득히 앞서 세상에 출현한 비바시 부처라는 점이다. 같은 경전을 중국에서 번역한 것이 한역 『대본경』이다. 여기에서 위의 부분은 다음과 같이 옮겨져 있다.

모든 부처님의 법은 이러하다. 비바시불은 세상에 태어날 때 어머니의 오른쪽 옆구리로 나오되, 의식이 또렷하여 혼란스러움이 없었다. 땅바닥에 닿자마자 일곱 걸음을 걸었는데 누구의 부축도 받지 않았다. 두루 사방을 살펴본 후 손을 들어 올리더니, '천상과 천하에서 나만이 가장 존귀하다. 중생의 나고 늙고 병들고 죽음을 제도하러 왔노라'고 외쳤다. 이것이 그 공통된 법이다.

위 경전에서, 이 말의 주인공이 석가모니가 아니라는 부분은 대단히 흥미롭다. 그러니까 수행 면에서 석가모니의 할아버지의 할아버지의 할아버지의 할아버지, 또 그 위의 19번 째 할아버지뻘인 비바시 부처가 바로 그 당사자라는 말인데…… 석가모니 때로부터 무려 91겁 전의 일이라니 그 아득하고 또 아득함이란 독자들 스스로 상상해 보시기 바란다. 아울러, 이는 석가모니의 깨달음에 정통성을 부여하기 위해 후일 경전 작가가 도입한 문학적 장치가 아니겠느냐는 필자의 짐작도 함께 곱씹어 보시기를……

그러니까, '천상천하' 이 구절은 다음의 두 가지 점에 유의해서 읽을 일이다.

먼저, 이는 흔히 말하는 석가모니의 안하무인 혹은 독선과는 거리가 멀다. '천상천하유아독존'뿐이라면 그럴 만도 하다. 하지만 이의 본뜻은 '삼계가 온통 고통뿐이니 내가 반드시 이를 평안케 하리라'는 후속 구절에 있다. 자신만이 높고 위대하다는 생각이라면 남이야 어찌되든 상관이 없을 터. 고통을 당하든 말든 등 돌리고 도만 닦으면 그만 아니겠는가! 석가모니는 이 점에서 달랐다. '세상의 고통을 반드시 평안케 하리라'는 그의 결심은 자기희생과 헌신이 없으면 불가능한 일이다. 대자대비란 바로 이럴 때 쓰는 말!

다음은, 이 말의 주인공이 석가모니가 아니라는 점이다. 그렇다면 예로부터의 구전이나 혹은 경전 작가의 순수한 창작 가운데 하나인가? 물론 『대본경』의 내용대로라면 91겁 이전의 일을 나중에 경전으로 기록한 것일 수도 있다. 당시 비바시 부처가 태어나면서 처음으로 딱 그랬다는 것이다. 뒤 이어, 석가모니를 비롯해 이 세상에 태어난 부처들도 모두……

하지만 이는 석가모니의 예에서 불합리와 모순이 바로 드러난다. 탄생 당시의 그 비범함은 곧 소멸되고 여느 인간들처럼 범상한 모습으로 계속 살아가지 않던가! 아무리 한 나라의 왕자요 문무를 겸비했어도 그의 첫 선언과는 어울리지 않는 삶 아니던가? 이 말이 경전 작가의 충정(?)에서 우러나온 순수한 창작으로 생각되는 이유이기도 하다.

고대 인도에 삶에 대한 입체적 기록으로서의 역사는 존재하지 않았다. 시간상 누가 앞서고 무엇이 먼저냐라는 단선적인 계보와 유래만이 이들의 관심사였다. 이는 그 사회의 구전 문화 전통, 곧 사람의 기억에 의지해 입에서 입으로 사건을 전했던 데에서 비롯하는 것으로 보인다. 아래에서 그 좋은 예를 하나 살펴보도록 하자.

옛날, 히말라야 산기슭에 큰 나무 한 그루가 서 있었다. 그 나무 아래에는 이를 의지해 사는 세 마리의 동물이 있었다. 자고새와 원숭이, 그리고 코끼리였다. 이들은 서로 존경하지도 사랑하지도 않고 언제나 다투기를 좋아했다.

어느 날, 이들은 생각했다. '우리가 이렇게 서로 미워하며 다투기만 하면 무슨 소용일까? 아무 이익도 없는 일에 이토록 매달려 있는 이유는 무엇일까?' 셋은 함께 상의했다. '그렇다, 언제까지 이렇게 살 수는 없다. 이 기회에 누가 연장자인지 따져서 우두머리로 정해 모두 화합하도록 하자.'

그들은 곧 연장자를 가리기로 했다. 먼저 자고새와 원숭이가 덩치 큰 코끼리에게 물었다. '그대는 우리 중에 덩치가 크니 제일 연장자일지도 모른다. 그렇다면 지난 일 중에서 어떤 것을 기억하고 있지?' 코끼리가 답했다. '어렸을 때 나는 이 나무 위로 기어 넘어간 적이 있어. 그때 이 나무 끝이 내 뱃가죽을 간질이던 기억이 지금도 생생하군.' 원숭이가 말했다. '그렇다면 나보다 아래네. 나는 이 나무의 맨 첫 잎을 뜯어먹은 기억이 있지.' 그러자 자고새가 이렇게 말했다. '내가 어렸을 때 이 나무는 없었어. 대신 근처에 웬 커다란 나무가 있었지. 그 열매를 따먹고 똥을 누웠더니 싹 하나가 돋아나더군. 그게 지금의 이 나무야!' '그렇다면 네가 연장자로구나.' 코끼리가 깨끗이 승복했다. '맞아, 네가 연장자야.' 원숭이도 바로 승복했다. 그들 사이에 평화가 찾아온 것은 물론이다.

마야 부인의 태교

석가모니의 어린 시절 이름이 싯다르타라는 것은 앞에서도 밝혔다. 그렇다면, 당시 그의 삶은 어떤 것이었을까?

태자가 탄생한 뒤 그의 어머니 마야 왕비는 안타깝게도 7일 만에 숨을 거둔다. 미래의 붓다인 싯다르타가 처음부터 비극의 주인공이 될 줄은 아무도 상상하지 못했던 듯. 태자가 태어난 지 닷새째 되는 날, 아버지 정반왕은 나라 안의 최고 현자들을 왕궁으로 불러 모은다. 아들의 미래를 점치기 위해서였다. 그때도 그 비슷한 말조차 나오지 않았다. 어쩌면 그 당시 이미 마야 왕비는 부실한 산후조리로 인해 건강이 심각한 상태에 있었는지 모른다. 하지만, 오랜 기다림 끝에 얻은 싯다르타 태자와 이를 기뻐하는 정반왕을 두고 세상을 하직해야 했던 왕비의 고통이 무엇이었는지 경전에는 정작 아무런 언급도 없다. 불경이나 그 설화 제작자들이 이를 누락한 이유가 무엇인지 궁금히 여기지 않을 수 없는 대목이다.

서기 2세기 경 인도의 시인이며 대승불교학자인 마명. 한국, 중국, 일본 등의 동아시아 국가에 대승불교의 시조로 알려져 있으며, 그 입문서인『대승기신론』도 그의 저술로 추측되고 있다. 그는 마야 왕비를 다음과 같이 추억한다. '왕비는 인드라 제석천의 아내 샤치만큼이나 수려했고 마음은 빠드마 여신처럼 아름다웠으며 인내심은 대지와 같이 강건했다. 그 신비로움은 비할 바가 없었으며 넋을 잃을 정도로 환상적이고 매혹적이었다.'

석가모니를 잉태한 후, 왕비는 이 세상이 아닌 천상의 음식만을 섭취하였다. 아픈 사람을 쓰다듬어 주면 바로 병이 나을 정도로 자애로움이 넘쳤다. 지아비인 정반왕을 도와 모든 일에 충실했으며 계율을 잘 지키고 질투심이 없었다. 머리카락은 검고 윤기가 흘렀으며 몸가짐은 언제나 정숙했다. 천상의 천녀들조차 미래의 석가모니 어머니가 궁금하여 왕비를 몰래 찾아보고는 그 자태와 기품에 감탄했을 정도였다. 다음은 뱃속 석가모니의 태교를 위해 지아비 정반왕에게 그녀가 청했다는 갸륵한 소원이다.

중생들 해치지 않기를 제 몸 사랑하듯 하시며
몸과 말과 생각, 이 세 가지로 열 가지 선을 늘 닦고 익히시며
샘내고 간사한 마음 멀리 여의시옵소서.
바라옵건대, 왕께서는 부디 제게서 욕정을 거두시어
저를 따로 살게 하시고 궁전을 꽃과 향으로 꾸며 주시며
모든 죄수들을 용서하여 감옥이 비도록 하시며
이레 낮 이레 밤 보시 베풀어 가난한 이 구제하시옵소서.
- 『방광대장엄경』

태자의 유년시절

누군가는 '금수저를 입에 물고 태어난다.' 누군가는 '은수저를 물고 태어'나기도 하고…… 더러는, 금수저 은수저는 고사하고 평생 밥이나 굶지 않으면 다행인 경우도 있을 것이다. 부모를 잘 만나야 한다는 말이 사람들 입에서 쉽게 나오는 이유이다. 그렇다면 애초 한 왕국의 태자로서 왕실은 물론 온 백성이 목 빠지게 기다리던 끝에 태어난 석가모니는 입에 무엇을 물었을까? 금수저? 콩알만한 다이아몬드가 줄줄이 박힌, 아니 그보다 더한 것인들 그 부모의 마음이 흡족했을까?

제왕은 태어나는 것이 아니라 만들어지는 것이다. 처음부터 머리에 왕관 쓰고 손에 규를 든 채 태어나는 왕은 없다. 옷 한 벌 걸치지 않은 빈 몸 빈 손으로 세상에 오는 것은 왕이나 거지나 매한가지다. 그 미거한 벌거숭이를 온 세상이 두려워하는 왕으로 키워내는 훈련과정이 이른바 제왕학 혹은 군왕 수업이다. 미래의 왕 한 사람을 위해 당대의 국가 교육역량을 온통 집중하는 '황금의 커리큘럼'이 그것. 조선 시대의 군왕 수업을 통해 그 짜임새를 살펴보기로 하자.

조선시대의 경우, 왕위에 오를 제1순위의 왕자는 원자 혹은 세자로 불렸다. 태어난 지 서너 살이 되면 원자에, 다시 여덟 살을 전후하여 세자로 봉해지는 것이 관례였다. 이들에 대한 교육은 원자 이전과 원자, 그리고 세자의 세 시기에 따라 서로 상이했다. 그 교육기관도 원자 이전은 보양청, 원자 이후 세자 이전까지는 강학청으로 불렸다. 그리고 세자 이후는 본격적인 제왕 교육기관으로서 세자시강원이 설치되었다.

보양청의 역할은 원자의 보호와 양육. 말 그대로, 갓 태어나 미약하기만 한 심신 조건과 예측하기 어려운 궁중 암투의 소용돌이로부터 원자의 건강과 안전을 돕는 일이었다. 원자가 먹을 음식과 입을 옷, 교육에 관한 서책을 공급하고 관리하는 일도 중요한 임무였다. 말 못하는 갓난아이에게는 절대적인 집중과 헌신이 필수! 특히 영아 사망률이 높았던 당시, 그 주요 책임자인 어의와 유모의 속은 때때로 얼마나 까맣게 타들어 갔을까?

이에 대해 강학청은 원자에 대한 기초적인 군왕 수업이 목적이었다. 이어지는 세자 시기의 강도 높은 제왕학 수련에 대비하기 위해서이다.『소학』,『천자문』,『격몽요결』등을 통해 주로 품성과 예의를 익혔다. 시간은 매일 아침, 점심, 저녁, 세 차례씩 각각 45분가량.

세자의 교육을 담당하는 기관은 세자시강원으로 불렸다. 처음 중국 당나라에서 시작되어 우리나라의 고려에 도입되었고, 다시 조선 왕조가 이를 계승하였다. 서연이란 그 교육의 현장 또는 과정을 가리키는 말. 그러니까, 조선의 세자들은 서연관, 곧 세자시강원 소속 전임 교수들의 서연을 통해 '자신을 닦'고 '백성을 다스리'는 제왕학의 핵심을 익혔던 것이다. 주요 교재는 4서를 비롯한 『상서』, 『시경』, 『자치통감』, 『자치통감강목』, 『송감』, 『역대군감』 등.

수업 방식은 다음과 같았다.

먼저 세자. 지난 시간에 공부한 대목을 암송한다. 뒤이어, 책을 보면서 소리 내어 그 뜻을 새긴다. 다음은 서연관. 뒤에 공부할 대목을 상급 서연관이 읽고 뜻을 새긴다. 다시 세자. 앞에서 서연관이 읽고 새긴 대목을 따라 읽고 새긴다. 마지막으로 보충 설명 시간. 당직 서연관 전원이 참석하여 서로 의견을 나눈다. 공부에 대한 평가는 참석한 서연관 중 직위가 제일 높은 사람의 몫. 강의 횟수는 아침, 점심, 저녁, 하루에 세 번이었으며, 여름과 겨울에는 대개 방학에 들어갔다. 그러던 중, 언제든 부왕이 죽거나 퇴위하면 바로 그 뒤를 이어야만 하는 것이 조선 시대 세자의 길이었다.

하지만 싯다르타 태자의 운명은 이와 달랐다. 그의 길은 이미 평범한 왕이 아니었다. 평범한 왕? 아니, 세상에서 가장 비범한 존재라고 할 '왕' 앞에 '평범'이라는 수식어라니…… 일체의 범상 혹은 평이를 넘어선 곳에 왕의 길은 있지 않던가? 하지만 다시, 그는 세상의 여느 왕들처럼 나라를 지키고 백성을 다스리는 범상한 군주로만 머물 운명이 아니었다. 탄생과 동시에 그에게는 두 개의 길이 예비되어 있었다. 부처 아니면 전륜성왕!

태자의 운명

앞에서 우리는 태자가 태어난 지 닷새째 되는 날, 아버지 정반왕이 나라 안의 최고 현자들을 왕궁으로 불러 모으고 있음을 보았다. 태자의 미래를 점치기 위해서였다. 그때 모인 사람들은 모두 여덟, 한참 동안의 숙의 끝에 이들은 조심스럽게 태자를 안아 들고 정반왕 앞으로 나아갔다. 그리고 다음과 같이 입을 모아 찬탄하였다.

평평한 두 발바닥에는 수레바퀴 문양

천 개의 바퀴살에 바퀴테와 바퀴축도 선명하네.

갸름한 발꿈치와 둥근 조개 같은 복사뼈

쭉 곧은 종아리는 사슴처럼 튼튼하고

니그로다 나무처럼 균형 잡힌 체구

긴 팔은 인드라처럼 무릎에 닿고

손가락도 길쭉 발가락도 길쭉

두툼한 손등과 발등은 비단처럼 부드럽네.

떡 벌어진 어깨에 잘록한 허리

포효하는 사자처럼 튼튼한 턱

어깨와 팔다리는 뼈가 드러나지 않으니

일곱 군데 모두 튼튼한 코끼리와 같네.

브라흐마의 음성처럼 맑고 우렁찬 목소리

절제의 덕을 지닌 음경은 숨어 보이지 않고

먼지나 땀에도 젖지 않는 매끄러운 피부

짙푸른 솜털 촘촘히 황금빛 몸을 감쌌네.

푸른 연꽃 같은 눈동자에

암소처럼 길고 가지런한 속눈썹

두 눈썹 사이에는 길고 하얀 터럭

정수리에는 상투처럼 살이 솟았네.

영웅만이 지니는 서른 둘 이러한 특징
왕이시여, 왕자님은 빠짐없이 갖추었으니
일곱 가지 보배 지닌 전륜성왕 되어
온 세상을 정법으로 다스리실 겁니다.

위에서처럼 당시 모인 현자들은 태자의 미래를 전륜성왕으로
점지하고 있다. 물론 이들은 그가 부처가 될 수도 있다는 말을
잊지 않았다. 여느 아이들과 다른 태자의 특별한 외모 때문이
었다. 발바닥의 수레바퀴 무늬·숨어 보이지 않는 음경·먼지나
땀에도 젖지 않는 매끄러운 피부·상투 모양으로 솟아오른 정
수리 등의 32가지가 그것. 예부터 전해오는 부처 혹은 전륜성
왕의 신체적 특징을 태자는 그대로 타고났던 것이다.

한편, 이보다 조금 늦게 왕궁을 찾은 또 한 사람의 현자가 있었
다. 태자의 탄생 소식을 듣고 멀리 히말라야 산기슭에서 온 아
시따 선인이었다. 태자 시절 정반왕의 스승인 동시에 그 부왕
시하하누의 제사장이었던 당대 최고의 정신적 지도자였다.

정반왕 앞에 나아간 그는 자신도 태자를 빨리 만나 뵐 수 있기
를 간곡히 청하였다. 왕 역시 서둘러 태자를 그에게 보여주고
싶기는 마찬가지. 이윽고 시녀들에 둘러싸인 마하파자빠띠가

품에 태자를 안고 나타났다. 그의 언니인 마야 왕비는 며칠 전 이미 세상을 떠난 뒤였다. 선인은 서둘러 그에게 다가갔다. 그리고 무한한 기대와 존경의 눈빛으로 태자를 한참 동안 들여다보았다.

아시타의 눈에서 눈물이 주루룩 흘러내린 것은 순식간의 일이었다. 그는 눈물범벅이 된 얼굴을 왕 앞에서 애써 숨기려고도 하지 않았다. 아니, 수십 년 동안 고통스러운 수행을 이어온 백절불굴의 노수행자가 웬 눈물이람! 경하와 축성의 찬사가 넘쳐야 할 자리에서 슬픔과 패배의 상징인 눈물을 보이다니……

정반왕을 비롯하여 그 자리에 있던 사람들 모두 놀라움과 함께 불안을 떨칠 수가 없었다. 태어난 지 이레 만에 어머니를 잃은 위에, 또 다른 고난과 슬픔이 태자 앞에 닥치기라도 한다는 걸까? 그를 반가이 맞이했던 정반왕은 앞에서와 달리 조급한 마음으로 옛 스승에게 그 까닭을 물었다. 얼굴 가득 흐르는 눈물을 한 손으로 훔치면서 아시타가 나지막이 말했다.

"왕자님은 인간 가운데 가장 높은 분이며 가장 뛰어나신 분입니다. 왕자님에게서 불길한 징표를 본 것이 아닙니다. 그 앞에는 어떤 위험도 놓여 있지 않습니다. 결코 불행한 운명이 예비되어 있는 분이 아니니 걱정하지 마십시오. 왕자님이 이 세상에 머무른다면 반드시 전륜성왕이 되실 것입니다. 바른 법으로 온 백성을 보살펴 평화와 안락이 넘칠 것입니다. 그렇지 않으면, 출가 수행자로 나아가 반드시 부처가 되실 겁니다. 그리하여 많은 사람들을 어여삐 여기고 이익되게 하기 위해 진리의 수레바퀴를 굴리실 겁니다.

하지만 이 세상에서 저의 삶은 얼마 남지 않았지요. 왕자님이 깨달음을 얻어 진리를 설하시기 전에 저는 죽음을 맞이할 것입니다. 견줄 수 없는 지혜와 자비의 힘을 갖추신 분, 그런 분의 가르침을 듣지 못한다는 것은 너무나 큰 불행입니다. 그래서 이렇게 슬피 우는 것입니다."

- 성열, 『고따마 붓다』

부처의 길

태자의 앞날을 두고 현자들이 내놓은 의견은 하나로 모아졌다. 최상의 깨달음에 이른 부처 아니면 가장 이상적인 군주인 전륜성왕이 그것이다. 어느 경우든 여느 사람들에게서 볼 수 없는 32가지 특이한 신체 형상이 그 증거였다. 이는 예부터 인도 사회에 전해오는 오랜 믿음 가운데 하나였다.

사람이 32상을 갖추면 반드시 두 가지 일이 있다. 이것은 진실하여 허망한 것이 아니다. 만일 그가 집에 머물면 반드시 전륜성왕이 되니, 총명하여 지혜가 있고 네 종류의 군사가 있어 천하를 거느리고 스스로 자재하여 법다운 법의 왕으로서 칠보를 성취한다. 아들 천 명을 두고 얼굴은 단정하며 용맹스럽고 두려움이 없어 능히 다른 사람을 항복 받는다. 이 모든 땅과 큰바다를 함께 거느릴 때에도 그는 칼이나 창을 일체 쓰지 않고 법으로써 가르치고 명령하여 안락을 얻도록 할 것이다. 만일 수염과 머리를 깎고 가사를 입고 지극한 믿음으로 집을 떠나 도를 배우면 반드시 여래, 무소착, 등정각이 되어 이름이 시방에 두루 퍼질 것이다.

그렇다면, 부처란 무엇이던가?
부처란 원래 불교만의 전유물이 아니다. 이러한 사실은 태자의 앞날을 두고 현자들이 내놓았던 앞의 예언 내용에서도 잘 알 수 있다. 당연한 말이지만, 당시 불교는 인도 종교계에 명함을 내밀기 한참 전이었다. 미래에 교주가 되는 싯다르타 태자는 이제 겨우 눈을 뜬 갓난아이였고, 또 그가 출가 득도하여 가르침을 펴기까지는 앞으로 35년의 세월이 더 지나야만 했기 때문이다. 그럼에도, 장차 태자가 갈 길 가운데 하나로서 이들이 밝히고 있는 '부처'란 과연 무엇을 말하는 것일까? '석가모니 부처'에 앞서 그들이 알고 있던 부처란 과연 어떤 것일까?

불교와 거의 동시에 출발한 자이나교에도 같은 개념이 있었다. 그 교주인 마하비라 역시 부처로 불렸던 것이다. 이에 의하면, 부처란 한마디로 세상 모든 것을 알고 모든 이치를 깨달은 이에게 주어진 일반적인 호칭이었다. 물론 그로 통하는 길은 멀고도 험난하여 소수의 인간만이 그에 도달할 수 있다는 것이 공통된 주장.

이와 관련하여 우리가 살펴보아야 할 것은 고대 인도 사회의 주요 언어인 산스크리트어이다. 당시 그것은 그 사회의 주류 종교인 브라흐만교의 성전을 기록하거나 의식을 진행하는 데에 주로 쓰였다. 또한 전쟁 등의 서사 문학을 기록하는 데에도 활발히 사용되었다. 흔히 범어라고도 하는데, 이는 불교가 중국에 전해지면서 불교 및 인도와 관련된 문물에 대개 '범'자를 붙여 한자로 번역했던 것에서 비롯한다. 범종, 범승, 범천, 범우, 범게, 범서, 범찰, 범문, 범경, 범패, 범학 등이 그 예.

이에 의하면, 산스크리트어는 그 사회의 대중 언어인 프라크리트어에 대해 다소 폐쇄적이면서 특별한 목적의 표준 문장어였던 셈. 활용은 미약하지만, 덕분에 문법이 안정되고 엄밀하여 권위 있는 경전을 기록하고 그 신을 찬양하는 일에 안성맞춤이었다. 이는 입에서 입으로 진리의 가르침을 전해온 인도의 구전 문화와도 깊은 관련이 있다. 뒷날까지 그 내용을 손상하지 않고 완벽하게 전하기 위해서는 무엇보다도 문법과 어휘를 신뢰할 수 있는 언어가 필수였기 때문.

그 범어에서 '깨닫다', '자각하다', '알다'라는 인간의 지각 및 인식 행위와 관련된 동사가 바로 budh이다. 우리말로 읽자면 '부드흐'쯤 되려나? 일반 대중의 언어는 아니지만 그 의미는 단지 '모르던 것을 알게 되다'라는 정도. 일상에서 우리가 흔히 쓰는 '아느냐, 모르느냐'라는 말과 별 차이가 없다. 산스크리트어의 부드흐도 마찬가지였다. 원래의 의미가 더욱 확장되면서 오히려 현실감을 잃게 된 것은 불교가 중국에 전해진 이후로 생각된다. 한자 특유의 번쇄하고 과장된 표현 방식 때문.

부처 혹은 붓다란 그 산스크리트어 동사 부드흐의 과거분사형이다. 쉽게 말해, 영어 문법에서 말하는 과거분사가 그것이다. 동사 외에, 명사 등을 수식하는 형용사 역할을 하기도 하는 과거분사. 그것은 종종 명사로도 쓰인다. 재판에서의 피고 the accused 혹은 이미 죽은 고인 the deceased 등이 그 예. 산스크리트어 및 영어 등의 인도유럽어족 언어 전체에 보이는 문법적 특징 가운데 하나이다. 범어 '붓다'도 이와 마찬가지.

그렇다면 앞의 여덟 현자들은 이미 그 이전의 각종 산스크리트어 문헌에서 '알다'를 뜻하는 부드흐의 과거분사 붓다가 '아는 사람' 혹은 '깨달은 존재'의 명사형으로도 쓰이고 있었다는 사실을 잘 알고 있었음이 분명하다. 뒤에 성립한 불교 혹은 자이나교 등과 전혀 무관하게 말이다. 우리 일상에서 '안다'느니 '모른다'느니 하는 말의 사용 빈도를 생각해보면 이는 충분히 수긍되는 일이다. 또한 그들은 종교나 철학의 궁극적 진리 혹은 깨달음에 관한 한 일상을 넘어 특별한 노력과 기나긴 시간이 필요하다는 사실도 정확하게 인식하고 있었음이 틀림없다.

당시 인도의 종교 사상계에 불어 닥친 중요한 변화도 주목하지 않으면 안 될 것이다. 슈라마나, 곧 사문의 출현이 그것이다. 지금까지 그 사회의 주류 종교는 브라흐만교. 베다가 그 주요 경전이었다. 이의 제사만능주의 및 폭압적 계급의식은 그동안 일반 민중들의 삶을 끝없는 질곡과 정체로 몰아가고 있었다. 사문이란 바로 이에 반발하여 사상적으로 새로운 기치를 들고 나온 출가 수행자 집단이다. 이들의 주장은 수행과 사회 인식 면에서 자유롭고 혁신적이었다. 불교와 자이나교 역시 그 시작은 사문이었다.

어떤 사람들에게는 긍정되고 또 어떤 사람들에 의해서는 부정되는 성향, 감정, 그리고 바람을 반영하는 온갖 이론과 사색이 난무하였다. 모든 사람이 인정하는 어떤 사실이나 원리도 없었으며, 단지 반박과 부정을 위한 소견과 직감이 있을 뿐이었다. 과연 세계와 자아가 유한인가 아니면 무한인가, 유한도 아니고 무한도 아닌가, 아니면 유한인 동시에 무한인가에 대한 논쟁이 활발하였으며, 현상과 실재의 구분·초월 세계의 실재성·사후 영혼의 계속성, 그리고 자유 의지의 문제에 대한 논의도 무르익고 있었다. 어떤 사상가들은 정신과 영혼을 동일한 것으로 보는가 하면, 이 둘을 구분하는 사상가들도 있었다. 어떤 사람들은 신의 절대성을, 또 어떤 사람들은 인간의 존엄을 말하였다. 어떤 사상가들은 우리가 그것에 관하여 아무것도 알 수 없다고 주장하는가 하면, 반대로 자신의 지지자들로 하여금 이에 대해 분명하게 알 수 있다는 자신감으로 우쭐하게 만드는 사상들도 있었다. 어떤 사람들은 형이상학적인 이론을 확립하느라 분주한 반면에, 그것을 무너뜨리기 위해

애쓰는 사람들도 있었다.

- 이거룡 역, 『인도철학사Ⅱ』

태자의 앞날에 대해 '부처' 운운 하고 있는 현자들의 말은 바로 이러한 맥락에서였다고 본다. 불교 입장에서는 아직 출현하지도 않은 부처 혹은 자신들만의 부처 외에 일찍이 또 다른 부처가 있기라도 하다는 말인가 하는 의구심이 들 수도 있을 것이다. 하지만 이는 앞에서처럼 부처 혹은 붓다라는 산스크리트어 및 당시 인도 사상계의 변화를 자세히 들여다보면 쉽게 해소될 수 있는 문제이다.

이에 의하면, 붓다라는 말과 그 개념이 싯다르타의 깨달음 이후 갑자기 성립된 것이 아니라는 것이 보다 타당할 것이다. 불교 이전의 고대 인도 사회에 제한적으로나마 이미 알려져 있었다고 보는 것이 자연스럽지 않겠느냐는 뜻이다. 어쩌면 종교 및 사상 등과 관계없이 일상에서 무엇이든 한 가지에 정통한 사람을 통틀어 '붓다'로 불렀을 수도 있을 것이다. 이를테면 건축에 능통한 사람은 건축 붓다, 농사에 능통한 사람은 농사 붓다, 상업에 능통한 사람은 상업 붓다처럼 말이다. 오늘날이라면 아마도 IT 붓다·골프 붓다·수학 붓다 같은 호칭도 가능할 테고.

전륜성왕의 길

부처 외에, 장차 태자가 갈 또 하나의 길로서 현자들이 점지하고 있는 것은 전륜성왕이다. '굴릴 전轉'에 '수레바퀴 륜輪'에 '거룩할 성聖'에 '임금 왕王', 곧 '수레바퀴를 굴리는 거룩한 왕'이 바로 전륜성왕. 어릴 적, 그 뒤를 경중경중 쫓아가다가 앞의 할아버지 몰래 그 위에 슬쩍 배를 깔고 다리를 들어 무임승차 했던 낭만의 탈것, 수레. 이른 봄에는 두엄더미, 한여름에는 맛난 새참, 가을에는 누런 볏단, 겨울에는 잘 마른 땔감을 가득 싣던 요긴한 운반 수단 수레.

하지만 여기에서 말하는 수레는 평소의 탈것이나 운반수단과는 거리가 멀다. 현대의 내연기관이 아닌 완강한 근육질의 말에 이끌려 전쟁터를 헤집고 다니던 전투용 마차, 곧 전차가 바로 그것이다. 당시 전차는 누구도 막을 수 없었던 최첨단의 전투 수단이었다. 마부, 궁수, 창병 3명이 탑승한 전차를 끌고 2마리의 육중한 말이 질풍 같이 내달리면 그 앞의 적들은 풀잎처럼 쓰러질 수밖에 없었다.

전차가 처음 출현한 것은 기원전 2500년 경으로, 중동의 수메

르인들에 의해서였다. 인류 최초로 바퀴를 발명한 것도 이들의 업적. 처음에는 네 개의 바퀴를 가진 4륜전차였다. 두 마리의 말이 앞에서 끄는 방식. 당시 바퀴의 형태는 살이 아닌 원반 모양이었다. 두껍고 무거워 속도도 느리고 전복되는 일이 잦았다. 평지가 아니 험로에서는 기동이 어려웠고 장거리 이동에도 취약했다.

이를 대체한 것이 2륜마차였다. 4륜마차의 약점을 잘 알고 있던 아카드인들의 회심의 역작이었다. 차체의 경량화를 바탕으로 이들은 속전속결의 기동전을 펼쳤다. 수메르인들을 대신해 메소포타미아 전역을 통일한 것도 이 전차 덕분이었다. 핵심 요소는 역시 바퀴였다. 이전의 원반형 대신 바퀴테와 바퀴축을 가는 살로 연결한 새로운 바퀴를 도입하였던 것이다. 빠른 선회도 어렵고 무게도 무거운 4개의 바퀴를 2개로 줄인 것도 주효했다. 이전의 명성에 더하여 새로운 2륜전차는 가히 무적의 전투력을 자랑했다. 3명 1조의 전투원을 태운 2륜전차는 이후 지중해 동부, 인도, 중국 등 세계 주요국 전차의 원형으로 자리 잡았다.

그렇다면 이 전차가 활약했던 고대 인도의 대립 상황은 어떤 것이었을까? 무적의 살육 수단인 전차를 필요로 했을 만큼 각을 세우고 대치했던 전장의 주역들은 누구였을까?

잘 알다시피, 고대 인도의 선주민은 드라비다족. 작은 키의 까무잡잡한 피부색을 가진 인종으로서 오늘날 인도 남부와 중부 일부, 그리고 스리랑카 등지에 널리 거주한다. 기원전 1500년 경 중앙아시아에서 인더스 강 유역으로 침입해 들어온 아리안족과의 충돌로 남쪽으로 밀려난 결과라는 것이 학계의 통설이다. 당시 아리안족은 철기를, 드라비다족은 청동기를 사용하고 있었다. 바로 이들이 고대 인도에서 벌어졌던 전쟁의 두 주역이었다.

아리안족은 원래 유목민족이었다. 목초지를 찾아 동물들과 함께 이동하는 삶을 살았다. 그러는 동안 다른 집단 혹은 다른 민족과의 다툼은 필연적. 목초지를 놓고 목숨을 건 싸움에서 이겨야만 자신들의 생존을 보장받을 수 있었기 때문이다. 이들의 용맹성과 전투적인 특징은 오늘날 인도의 여러 유적지에서 확인할 수 있다. 특히 2마리의 말이 끄는 2륜전차 조각은 드라비다족에 대한 아리안족의 압도적인 승리를 상징적으로 보여준다.

당시 아리안족과 선주민인 드라비다족 사이의 전투가 얼마나 치열했는지 보여주는 움직일 수 없는 증거가 있다. 아리안족의 성전인 베다의 내용이 그것이다. 여기에서 '다사'라는 말은 악마, 마귀, 야만인, 노예를 의미한다. 마찬가지로 '다시유'란 신들의 적, 경건하지 않은 자들, 인드라 및 아그니에 정복된 자들, 야만인 등의 의미로 쓰였다. 반대로 다시유족을 정복한 아리안족 족장은 '뜨라사다시유' 및 '다시유하띠야'로 불렸다. 피정복자인 드라비다족이 붙여준 별명일 터. 각각 '다시유의 공포', '다시유의 학살자'라는 무시무시한 의미의 말이다.

신화학자 조셉 캠벨에 의하면, 전차란 청동기 시대의 전투에서 승자와 패자를 구분 짓는 결정적인 요소였다. 하지만 당시 이들이 드라비다족에 비교적 쉽게 승리할 수 있었던 이유를 몇 가지 더 생각해 볼 수 있을 것이다. 우선은 당시 인더스 문명이 정점을 지나 쇠퇴기에 놓여 있었다는 것, 또 한 가지는 그들이 믿고 있던 신에 대한 확신이었다.

아리안족이 남긴 위대한 유산 가운데 하나는 방대한 종교 문헌이다. 물론 이는 그들이 정복전쟁 이후 인도에 정착하고 난 뒤의 업적이지만, 원래의 불안정한 유목생활과 공격적인 성향을 생각하면 불가사의한 일이 아닐 수 없다. 인더스 강변의 드라비다족이 동물과 농업에 관련된 신을 섬겼다면, 이들은 광활한 하늘의 벼락, 불, 음료 등의 신을 숭배했다. 인드라, 아그니,

소마가 그들이다. 그 성전 가운데 하나인 『리그베다』에서 인드라 신의 위신력을 기리는 찬가의 일부를 살펴보도록 보자.

내가 이제 인드라의 고결한 업적을 말하겠노라.
먼저 번개를 이용해 용을 죽이고 땅을 갈라 수로를 만들어
산속에 급류를 흐르게 하고 강이 드러나 조용히 바다로 흐르
게 하였다.

그는 황소처럼 맹렬히 소마를 취하여
세 개의 신성한 컵에 담긴 정수를 마신다.
뱀족의 장자를 죽여 이들의 마력을 무너뜨리고
태양과 새벽하늘에 생명을 불어넣으니
이를 방해하는 자 아무도 없도다.

광포한 브리트라가 용을 죽인 인드라에게 도전하니
치명적인 우레 앞에 박살나는구나.
용을 무찌른 인드라여, 그대는 무엇을 보았는가?

인드라는 움직이는 것과 움직이지 않는 것
길들여진 가축과 발이 달린 짐승

번개와 천둥, 모든 것의 왕이니
그의 법은 모든 사람 위에 있도다.
수레바퀴가 수레 살을 감싸듯.
  - 이명권, 『베다의 세계』

전차가 주는 강력한 이미지는 전쟁의 패자인 드라비다족은 물론 승자인 아리안족 모두에게 뒷날까지 깊이 각인되었음이 분명하다. 전차 바퀴는 앞에 흙이 있든 풀이 있든 웅덩이가 있든 앞으로 앞으로 나아간다. 결코 뒤로 돌아 후퇴하거나 멈출 줄을 모른다. 강을 넘고 들을 지나 앞으로만 달려 나아가는 전차 바퀴의 위력에 그들은 어떤 신성감마저 느꼈을지 모른다. 전장에 나가는 왕과 그 무기들의 무운을 비는 『리그베다』의 한 찬가에서는 전차와 말과 수레, 전차 위의 마부가 쥐는 말고삐조차 신의 가호가 있기를 축원한다.

젊은 처녀가 제사에 나아가듯, 적군과 접전에 나서듯
어머니가 아들에게 하듯 활고자로 하여금 화살을 태내에 담게
하소서.
양 쪽의 활고자를 서로 협력케 하여
원수를 멀리 날려 적을 격퇴케 하소서.

뛰어난 마부는 전차 위에 서서 어느 곳이든
원하는 곳으로 전리품을 획득한 말을 앞으로 모는도다.
고삐의 위력을 찬탄하라.
고삐는 뒤로부터 군마의 거친 기질을 억제하도다.

굳센 힘의 발굽을 가진 말은 전차와 함께
승리를 얻고자 하여 드높이 소리를 돋우누나.
스스로 물러서는 일 없이
앞발로 원수를 짓밟고 적을 물리치누나.

운반하는 수레 그 이름은 하비스라
위에 무기와 그의 갑옷이 놓인 그 수레
더불어 항상 마음 가까이 행복을 가져다주는
전차에 가까이 있기를 우리는 바라노라.

조상들은 감미로운 소마 곁에 모여 앉아 활력을 주고
곤란에 처할 때 나타나 풍부한 능력으로
심원하고 눈부신 무기를 갖고 방심하는 일 없이
모두 한결같은 용사로 하여금 활을 힘껏 당기게 하여
적군의 세력을 정복하도다.　　 - 정승석 역, 『리그베다』

앞에서 여덟 현자들이 말한 전륜성왕이란 그러한 위신력과 정복욕을 지닌 강력한 제왕에 다름 아니었다. 당시는 아직 불교 성립 이전이었고, 그들이 알고 있던 전륜성왕도 과거 혹은 최소한 그 당시의 지식에 의한 것일 가능성이 크다. 이 점에서 전륜성왕은 똑같은 32상의 소유자이면서도 지혜와 자비의 상징인 붓다와 그 성격이 뚜렷이 대비된다.

물론 부처의 각종 전기가 쓰여진 것은 그가 죽고 나서 한참 뒤의 일이었다. 위의 현자들이 말하는 전륜성왕 혹은 부처의 개념 역시 그러한 상황의 반영으로 보아도 좋을 것이다. 하지만 일찍이 베다 시대부터 '바퀴'가 정복, 권력의 상징 가운데 하나였다는 것은 의미심장한 일이 아닐 수 없다. 통일왕·유일왕·최고왕의 관념 역시 당시부터 있었다는 것도 그냥 지나칠 일이 아니다. 윤왕의 관념은 이후 바라문 사상 중에서도 발견된다. 불교와 앞서거니 뒤서거니 출현했던 자이나교에서도 역시 이를 확인할 수 있다. 이는 위의 현자들의 말 역시 그 시점이나 내용면에서 타당성을 가질 수 있다는 것을 뜻한다.

현존하는 인도 문헌 가운데 전륜성왕이라는 말이 불교 이전에 나왔다는 것을 보여주는 것은 없다. 통일왕·유일왕·최고왕이라는 비슷한 말은 고古리그베다 문헌에 있지만 이것을 직접 전륜성왕의 개념과 동일시하는 것은 곤란할 것이다. 이들이 처음 등장하는 것은 불교와 거의 동시대 내지 이후의 자이나교 및 바라문교 문헌이다. 이때부터 일반적으로 사용된 말이라고 추측된다. 자이나교에서는 예를 들면, '대위력이 있는 네 곳의 전륜성왕'은 '14가지 보물'을 지닌다고 해서 불교와 비슷한 관점을 보인다. 이에 반해 바라문교에서는 『마하바라타』나 『뿌라나』 등에 비교적 많이 언급되어 있는 것 같으나, 대체적으로 불교나 자이나교쪽에서 보다 중요시되었다. 주의해야 할 것은, 전륜성왕을 세계왕으로 간주하는 것과 법왕으로서 윤리적으로 이상화하고 있는 것은 불교의 독자적 관념으로 생각된다는 점이다. 자이나교에서도 본래 12전륜성왕을 열거하면서 그 윤리적 관점을 무시한 것은 아니지만, 불교에서처럼 이를 역설한 것은 아니라고 여겨진다. 반면, 바라문교 문헌의 경우 전륜성왕은 반드시 정의의 왕으로 여겨지지 않았다. 예를 들어 『우파니샤드』 가운데 처음으로 그 말이 등장하는 『마이트리우파니샤드』의 경우, 그것은 단지 '큰 활을 지닌 자'를 가리키는 말에 지나지 않는다. 결국, 전륜성왕이란 이른바 용맹스러운 전사에게 주어지던 호칭이라고 보아도 틀리지 않을 것 같다. 인도 신화에서 옛날부터 백성들에게 존경 받는 국왕 가운데 한 사람인 만다트리는 '네 대륙[곧 온 세상; 필자 주]의

왕'으로 불렸다. '바퀴를 굴리는 사람'이란 호칭은 바라문교도 사이에서는 단순히 뛰어난 왕족을 부르는 말에 불과했다.

– 박청환, 「인도초기불교의 전륜성왕 사상 연구」

그렇다면 불교에서 전륜성왕은 누구인가?

전륜성왕이 '수레바퀴를 굴리는 거룩한 왕'이라는 의미는 앞에서와 다름이 없다. 단, 여기에서의 수레바퀴는 전장에서 활약하는 전차의 그것이 아니다. 더 없이 딱 들어맞는 진리, 곧 불법의 수레바퀴를 말한다. 부처가 얻은 깨달음을 널리 전하여 고통 받는 사람들을 복되게 하는 행위를 거침없이 앞으로 나아가는 수레바퀴에 비유한 것이다.

불교경전에 의하면, 전륜성왕의 궁전 위에는 항상 큰 수레바퀴가 떠 있다고 한다. 부처가 얻은 진리 위에서 나라가 항상 올바르게 다스려지고 있다는 상징이다. 전륜성왕이 이웃 나라를 정복하러 나서면 하늘 위의 수레바퀴가 앞서 길을 인도한다. 그리고 하늘 위의 수레바퀴를 목격한 이웃 나라는 그 위력에 놀라 스스로 굴복하고 만다. 죽고 죽이는 잔인한 전쟁 없이도 다른 나라를 평화적으로 정복할 수 있는 것이다. 이제 그 나라에도 불교의 바른 법이 퍼져 평안과 행복이 넘쳐흐르게 된다는 것이 불교 전륜성왕설의 요지다. 석가모니 당시 끊임없는 정복 전쟁에 시달리던 인도 민중의 평화에 대한 염원을 불교적으로 수용한 것으로 생각되고 있다. 이때 정치 및 도덕 등에서 새로운 질서가 펼쳐지는 모습을 경전에서는 이렇게 전한다.

그때 동방의 모든 작은 나라 왕들은 이 대왕(전륜성왕)이 오는 것을 보고 금 발우에는 은 좁쌀을 담고 은 발우에는 금 좁쌀을 담아 왕에게로 나아와서 머리로 절하고 사뢰었다. "잘 오셨습니다. 대왕이시여! 이 동방의 토지는 풍요롭고 즐거워 온갖 보배가 많으며 인민은 번성하고 그 성격은 어질고 부드러우며 충직합니다. 오직 원컨대, 성왕께서 부디 이곳을 다스려 주소서. 저희들은 마땅히 좌우에서 보필하여 필요한 것을 받들어 행하겠나이다." 그때 전륜성왕이 모든 작은 나라 왕들에게 말했다. "그만 두시오. 여러분! 그대들은 이미 내게 공양해 마쳤소. 부디 마땅히 바른 법으로써 이곳을 다스리고 교화하되, 치우치거나 구부러지거나 법답지 않은 행이 있도록 하지 마시오. 또한 스스로도 살생하지 말고, 백성으로도 하여금 살생, 도둑질, 사음, 이간질, 욕설, 거짓말, 꾸밈말, 탐취, 질투, 삿된 생각을 갖지 않도록 하시오. 이것이 바로 나의 다스리는 바이오."

불경 중의 하나인 『증일아함경』에는 다르마, 곧 불법에 기반한 이상적인 군주가 지켜야 할 덕목으로서 다음의 열 가지를 제시하고 있다. 이것은 원래 어떤 국왕이든 그 왕위를 오래 유지하기 위해 지켜야 할 열 가지 일이라 하여 10법으로 불리던 것으로서 바로 전륜성왕의 모습에 다름 아니다. 반대로, 이는 불교에서 전륜성왕이 되기 위해 혹은 전륜성왕이라면 반드시 실천해야 하는 열 가지 일로 보아도 무방할 듯하다. 오늘날의 정치가들과 비교해 가면서 살펴볼 일이다.

첫째, 재물에 집착하지 않고 성을 내지 않으며 사소한 일로 남을 해치려는 마음을 일으키지 않을 것. 둘째, 신하들의 충고를 잘 받아들여 그 말을 거스르지 않을 것. 셋째, 항상 보시하기를 좋아하며 그 즐거움을 백성들과 함께 할 것. 넷째, 옳은 법으로써 재물을 거두어들이되 그렇지 않은 법으로써는 하지 않을 것. 다섯째, 남의 여자를 탐하지 말고 자기 아내만을 생각할 것. 여섯째, 술을 마시어 마음을 거칠거나 어지럽히지 않도록 할 것. 일곱째, 유흥을 즐기지 않고 외적을 항복시킬 것. 여덟째, 법에 따라 다스리고 교화하여 비뚤어짐이 없도록 할 것. 아홉째, 신하들과 화목하여 다툼이 없도록 할 것. 열째, 병이 없고 기력이 강성할 것.

크샤트리아의 길

인도를 처음 방문하는 외국인들은 그곳의 독특한 풍경에 거듭
놀라기 마련이다. 거리마다 천막을 치고 누운 노숙자들, 양 볼
가득 음식을 씹으며 여행자를 노려보는 원숭이 떼, 언제 사람
을 공격할지 모르는 더러운 유기견 등등. 그리고 그들의 매우
특별한 사회제도 역시 이방인들의 주목을 끌기에 충분하다. 기
원전 300년 경 당시, 그곳 마우리아 왕조의 수도를 방문한 그
리스 사람 메가스테네스는 귀국 후 『인도지』라는 자신의 저술
에서 다음과 같이 말하고 있다.

> 인도에는 철학자, 경작인, 목축 및 수렵인, 직공 및 상인, 전사,
> 감시관, 고문관 등 7부류의 집단이 존재한다. 인도인은 모두
> 이 일곱 집단 가운데 어느 하나에 종사한다. 그리고 그들은 저
> 마다 다른 집단과의 통혼을 금지한다.
> - 야마사끼 겐이찌 저, 전재성·허우성 역, 『인도사회와 신불교운동』

이보다 조금 뒤, 같은 인도를 여행한 중국의 유명한 구법승 현
장 역시 『대당서역기』에서 이와 관련하여 다음과 같이 전하고

있다.

인도에는 브라흐만, 크샤트리아, 바이샤, 수드라라는 네 신분
이 있는데 그들은 각각 전혀 별개의 사회집단들이다. 결혼은
각 신분 안에서 또는 그들이 구성하는 집단 내부에서만 행해
진다. 4종성에 속하지 않는 잡성도 아주 많으며 각각의 종성
은 함께 모여 살고 있다.

– 야마사끼 겐이찌, 상동

이상의 사실은 우리에게 카스트 제도로 알려져 있다. 현장이
기록한 4종성의 구분은 우리가 아는 그 대표적 내용이다. 이들
은 저마다 고유한 사회적 의무를 지고 있다. 이를 규정한 것은
당시의 백과사전적 법전인 『마누법전』. 이에 의하면, 당시 각
신분에 따른 의무 조항은 다음과 같았다.

①브라흐만: 자신 또는 타인을 위해 제사를 행한다. 베다 성전
을 배우고 또 이를 가르친다. 보시를 행하고 또 보시를 받는다.
②크샤트리아: 정치나 전투를 통해 백성을 보호한다. 자신을
위한 제사를 행한다. 베다 성전을 배우고 보시를 행한다.
③바이샤: 농업, 목축, 상업, 금융에 종사한다. 자신을 위한 제

사를 행한다. 베다 성전을 배우고 보시를 행한다.

④ 수드라: 위의 세 신분에 소용되는 일에 종사한다.

이러한 4종성의 구분이 시작된 것은 언제부터일까?

인도인들 자신은 이러한 신분의 구분을 바르나라고 불렀다. 이 말은 원래 빨갛다거나 노랗다거나 하는 색깔을 의미한다. 다름 아닌, 중앙아시아 혹은 유럽의 코카서스 지방으로부터 인도로 침입해 들어온 아리안족의 피부색과 그곳 선주민인 드라비다족의 피부색이 서로 달랐던 것이 그 기원이다. 잘 알다시피 아리안족은 피부가 희고 드라비다족은 까무잡잡하다. 이로부터, 지배자인 아리안족이 피지배자인 드라비다족으로부터 자신들의 우월한 지위를 구분하기 위해 고안해낸 것이 바로 '바루나', 곧 색인 것이다. 이후, 그것은 점차 사회적인 '신분' 혹은 '계급'의 의미로 굳어져 갔다. 그리고 사회적으로 더 이상 유효하지 않은 시점에 이르러서도 그것은 여전히 사람들의 가슴에 지워지지 않는 상처를 남기고 있다.

그렇다면 싯다르타 태자는 어떤 종성에 속했을까?

그가 왕자의 신분으로 이 세상에 왔다는 것은 새삼 말할 필요도 없을 것이다. 물론, 왕자라고 하면 우리는 금방 한 나라나 한 국가를 떠올리게 된다. 경전에서도 언필칭 그의 아버지와 어머니 모두 부왕과 왕비로 부르고 있다. 그럼에도 그 나라의 실체에 대해서는 거의 알려진 바가 없다. 아니, 왕과 왕비는 있는데 정작 그들이 다스리는 왕국은 정체가 모호하다니……

석가모니 혹은 불교에 관심 있는 사람들이라면 그가 당연히 제대로 된 국가에서 태어난 것으로 생각하기 십상이다. 하지만 지금까지의 연구에 의하면 그것은 정치 및 군사적으로 주권을 가진 독립 국가가 아니었다. 당시의 강대국인 코살라국에 예속된 일개 자치지구에 불과했던 것. 싯다르타가 태어나고 자란 궁전이 있는 카필라성이 바로 그것이었다. 성으로 둘러싸인 도성과 그 외부의 산과 하천, 경작지 등이 영토의 전부인 일종의 성읍국가였다고나 할까? 서기 5세기 초, 중국 승려로는 처음으로 인도 땅을 밟은 법현이 당시 카필라성을 찾았다. 귀국하여 남긴 기행문『불국기』에서 그곳은 다음과 같이 그려지고 있다.

> 동쪽을 향해 1요자나(약 1.5킬로미터)쯤 가면 카필라성에 이른다. 성 안은 왕도 없고 백성도 없고 황폐하기만 하다. 단지 몇 명의 승려와 수십 호의 민가만이 있을 뿐이다.
> -『고승법현전』권1

앞의 내용은 아마도 나중에 성립된 석가모니의 전기 작가들이 그 위대성을 고려하여 사실을 과장했던 결과로 추측된다. 교주의 탁월함과 신비성을 드높이기 위한 기록의 왜곡은 종교사에서 너무도 흔한 일이기 때문이다. 그럼에도 불구하고 그의 신분이 지금까지 알려진 것과 달라질 가능성은 매우 희박하다고 본다.

이에 의하면, 그의 신분은 위의 사종성 가운데 크샤트리아에 해당한다. 이 점에는 어떤 이의도 있을 수 없다. 4종성 가운데 두 번째로서, 왕·관리·무사와 같은 사람들이 이에 속한다. 크샤트리아란 크샤트라, 곧 '권력을 가진 자'를 뜻한다.

제1계급에 속한 것은 브라흐만. 이들은 자신들이 고안해낸 계급제도가 무너지는 것을 극히 두려워하였다. 계급제도가 붕괴되는 원인은 여러 가지가 있을 수 있었다. 이들이 첫 번째로 꼽은 것은 무질서한 혼인에 의한 순수 혈통의 쇠퇴였다. 이를 미연에 방지하기 위해 그들이 획책한 것이 바로 계급 내 혼인이다. 곧 같은 종성끼리만 결혼을 허용하는 것이었다. 물론 이것은 최초에 브라흐만 집단 내에서 시작되었고 점차 다른 종성으로 확산되었다. 이를 통해 그들이 지위를 더욱 다지면서 정치경제적으로 그 사회의 최정점에 설 수 있었다는 것은 어느 정도까지는 진실이다.

하지만 싯다르타 태자 탄생 전후의 상황은 이들에게 결코 호의적이지 않았다. 여기에는 몇 가지 원인이 있었다. 먼저, 크샤트리아 계급의 괄목할 만한 부상이다. 다음은 중개무역을 통해 막대한 부를 축적한 자산가들의 등장이다. 그리고 이전의 종교적인 권위를 부정하고 사상의 자유를 부르짖은 사문들의 출현이 그것이다.

붓다 시대에 이르러 정복전쟁에 따른 정치권의 변화와 경제계의 변동으로 이제까지 그들의 기득권을 보장해주던 사회계급제도가 서서히 흔들리기 시작하였다. 예를 들어, 마가다의 빔비사라나 꼬살라의 빠세나디처럼 정치적 실세였던 캇띠야(크샤트리아)가 바라문의 권위를 회의하게 되었고, 경제적으로 성공한 자산가들, 흔히 세티라 불리던 사람들이 신분상승을 도모하게 되면서 계급제도를 고집하는 바라문들보다는 사문이라 불리던 진보적인 자유사상가들의 가르침에 관심을 나타내게 되자, 종교의식의 집행권과 교육권을 독점하고 있는 바라문들은 계급의 절대성을 회의하며 자기들의 권위에 도전해 오는 하위계급들의 욕구에 신의 절대적인 권능을 앞세워 족쇄를 채우려고 하였다.

- 성열, 『고따마 붓다』

바라문들은 저들의 도전을 무마하기 위해 갖은 말로 위협하고 상황을 호도하였다. '바라문은 무식하든 유식하든 위대한 신이다. 마치 불을 피우든 피우지 않든 아그니가 위대한 신인 것과 마찬가지', '하늘에서는 브라흐만이 신이고, 인간 세계에서는 세 계급으로부터 보시를 받는 바라문이 신이다', '바라문을 죽이는 자·술을 마시는 자·바라문의 재산을 훔치는 자·바라문의 아내와 간통하는 자, 이 모두는 대죄를 지은 자'라는 따위가 그것이다.

싯다르타의 제왕수업

이상과 같은 시대 상황 하에서 태어난 싯다르타가 갈 길은 과연 무엇이었을까?

그는 어차피 크샤트리아, 곧 무사혈통의 자손이었다. 아버지인 정반왕도 대대로 그러하였고 어머니인 마야 왕비의 친정 역시 그러하였다. 그 부모는 물론 주변에서도 그가 당연히 왕좌에 올라 나라를 반석 위에 올려주기 바랐을 터. 더욱이 세상 모든 왕 중의 왕인 전륜성왕이 그의 갈 길이요 미래라는 말에 왕실의 기대는 또 얼마나 하늘을 찔렀을까!

반면, 설령 그가 현자들의 말대로 전륜성왕 대신 출가하여 부처가 된다고 한들 이는 먼 훗날의 일. 어디까지나 그가 성인이 되어 스스로 생각하고 결정할 일일 뿐이었다. 하지만 몇몇 부처의 전기에서 우리는 그러한 예언에 대해 정반왕이 지레 언짢아하고 서운해하는 장면을 읽을 수 있다. 그의 입장에서는 태자가 아무리 부처가 되어 세상을 안락하게 한들, 자신의 뒤를 이어 왕위를 이어 받고 나라를 보전하는 일보다는 결코 나아 보이지 않았을 터. 깨달음의 길이 반드시 부모형제를 등져야만 하는 것이냐는 원망 아닌 원망은 출가를 꿈꾸는 모든 사람의 피붙이들이 공통으로 느끼는 아픈 속내 아니던가? 여기에서, 불교가 시작되기 전 인도에서 왕이란 무엇이었는지 잠시 살펴보기로 하자.

고대 인도에서 '왕국은 7요소 내지 7지체로 이루어진다'고 생각되었다. 『마누법전』에서는 그 일곱 가지를 다음과 같이 규정한다. 왕, 대신, 도시, 국토, 재물, 군대, 우방. 재미있는 것은, 이들 사이의 관계에 대한 『마누법전』의 설명이다. 이들은 저마다 독자적인 특성을 갖는다. 또한 그 목적과 관련하여 다른 어느 것에도 양보할 수 없는 중요성을 갖는다. 단, 보다 심각한 재앙의 원인이 될 수 있다는 점에서는 각각 선행하는 요소가 그 뒤의 것을 항상 능가한다. 다시 말해 왕은 대신보다, 대신은 도시보다, 도시는 국토보다, 국토는 재물보다, 재물은 군대보다, 군대는 우방보다 국민에게 훨씬 해를 끼치기 쉽다는 말이다. 결국 '국가라는 유기체는 신체의 각 부분에 해당하는 요소들이 독자적으로 기능함으로서 성립하지만 그 가운데 왕이야말로 국가의 명운을 좌우하는 가장 중요한 자리'라는 것이다. 왕의 이러한 기능 및 역할과 관련하여 당시 율법서의 하나인 『가우타마』에서는 다음과 같이 밝힌다.

생명 가진 모든 것들의 보호는 베다 학습, 자신을 위한 제사, 보시의 3가지 의무에 더하여 왕이 가진 독자적인 의무이다. 정당한 형벌을 가하는 것도 왕의 의무이다. 독실한 바라문을 부양하는 것은 물론, 생계를 유지할 힘이 없는 바라문·과부·고아·고행자 등의 면세자, 스승의 승낙 하에 일정 기간 베다를 배우는 학생들도 부양하지 않으면 안 된다. 승리를 위해 노력하는 일, 특히 외적으로부터의 위협에 처했을 때 고군분투

하는 것이 왕의 의무이다. 전차와 활에 능숙한 것, 전투에서
꼼짝 않고 물러서지 않는 것도 왕의 의무이다.

- 『가우타마』(X, 7-16)

이상의 사상이 기초하고 있는 것은 다음의 두 가지이다. 하나
는 당시 브라흐만 사회의 4종성 제도로, 브라흐만·크샤트리
아·바이샤·수드라를 말한다. 다음은 4아슈라마로, 베다를 학
습하는 학생기·결혼하여 가장으로 살아가는 가주기·집을 떠
나 숲에서 수행하는 임서기·탁발수행자가 되어 산하를 주유
하는 유행기로 구분되는 그들의 생활주기를 말한다.

보다 근본적인 원리는 역시 브라흐만교의 성전인 베다였다. 베
다에 해박한 이들의 전승 및 계행, 학덕을 고루 갖춘 이들의 관
행도 주요 근거였다. 이보다 앞선 시기에는 최저 10인의 유식
한 바라문으로 이루어진 회의의 결정 혹은 5인이나 3인 또는
어떤 비난도 들은 적이 없는 1인의 바라문이 내린 결정이 곧
법과 비법의 가늠자였다. 경건하고 덕망 높은 아리아인으로부
터 칭찬 받으면 법, 아니면 비법이라는 기록도 전한다.

어쨌든 당시 왕에게 바라문의 조언은 필요불가결한 요소였다.
국정과 관련하여 왕이 독자적으로 판단하거나 집행한다는 것

은 거의 불가능한 상황이었던 셈이다. 이에 관하여 앞의 율법서는 다음과 같이 규정한다. 임의의 참견이 아닌, 법전에 준하는 조문을 통해 이에 대한 왕의 지속적이고도 엄격한 준수를 못 박아 놓고 있는 것이다.

인간사회는 4바루나 및 4아슈라마 법에 의해 질서 지워져 있다. 이 법을 준수하는 이들에게는 현재 및 내세에 온갖 행복이 보장되며 그렇지 않은 자에게는 현재 및 내세에 파멸이 주어진다. 이 법, 곧 각 바루나에 속한 사람들의 의무를 가르쳐주는 것은 바라문이며, 이 법을 사람들에게 준수하도록 하여 사회질서를 유지하는 일을 담당하는 것은 왕이다. 따라서 왕은 바라문의 지시에 따라 각각의 의무에서 일탈한 자들을 때로는 형벌권을 사용하여 바른 길로 되돌려놓지 않으면 안 된다. 이러한 행위에 의해 왕은 모든 인류를 파멸로부터 구하고 그들에게 현세 및 내세의 행복을 가져다주며, 스스로도 이를 획득한다.

어쨌든 태자는 미래의 두 가지 가능성을 안고 유년 시절을 보낸다. 그 시기의 삶에 대해서는 거의 알려진 것이 없다. '마하빠자빠띠가 태자를 무릎 위에 편안히 앉히고 갖가지로 장엄한 가마에 올라 동산으로 나갔다'든가 '숫도다나가 태자를 위해 많은 숫양을 궁전에 모아 놓고 순금으로 안장을 만들어주어 사촌들과 마음껏 타고 놀게 하였다'든가 하는 이야기 정도.

여기에서 궁금한 것은 당시 크샤트리아로서 태자가 성장하면서 받았을 교육 내용이다. 크샤트리아로 태어난 아이는 크샤트리아로 성장하기 마련이다. 더욱이 그는 부왕을 이어 왕위에 오를 한 나라의 태자였다. 군인이나 관리 등의 평범한 크샤트리아가 아닌, 막중한 임무를 수행하지 않으면 안 될 운명이었다. 또한, 부왕의 입장에서는 그에 대해 지울 수 없는 불안감을 안고 있었다. 고행의 사문이 되기 위해 왕궁을 떠날지도 모른다는 현자들의 예언이 늘 귓가를 맴돌고 있었기 때문이다. 그런 일이 없기 위해서라도 부왕의 태자에 대한 교육은 더욱 철저하고 세심했을 터. 이에 대해서는 불경 속의 그의 전기에서 많은 기록을 접할 수 있다. 하지만 그 내용은 그의 탁월성 혹은 천재성에 관한 과장된 나열이 대부분. 아쉽게도 그 체계나 내용을 전체적으로 조망할 수 있는 내용은 찾아보기 힘들다.

태자는 일곱 살 때 많은 소년소녀들과 함께 처음으로 학당에 갔다. 아버지 슛도다나 왕도 동행하고, 길에는 아름다운 여성들이 나와 환송한다. 음악을 연주하며 꽃을 뿌리거나 향을 사르고 또는 향수를 뿌리는 등 마치 잔칫날과 같았다. 태자는 그 사이를 누비며 양이 끄는 수레를 타고 간다. 태자가 수레를 타고 학당에 들어가 선생과 만난다. 그 선생의 이름은 비슈바미트라인데, 아마 바라문이었을 것이다. …… 비슈바미트라는 태자의 얼굴을 보고는 너무나 거룩한 모습에 놀라 그만 정신을 잃고 쓰러졌다가 신의 도움으로 겨우 일어난다. 태자는 금필(금으로 장식한 필기도구)과 향나무 서첩(요즘의 노트)을 들고 편지를 써 선생에게 드린다. 편지에는 예순네 가지 서체의 이름과, 그 중 어떤 것을 가르쳐 줄 것인가 하는 질문이 써 있었다. 선생은, 자기는 그 중 처음 두 가지밖에 모른다고 답하고 마음속으로 태자를 존경하게 된다.

 - 와타나베 쇼코 저, 법정 역, 『불타석가모니』

동서고금을 막론하고 위인이나 성인의 삶을 전하는 글은 과장이 일반이고 왜곡이 다반사이다. 이는 당연히 그 본인들의 뜻과는 상관없을 터. 살아서 그들이 쌓은 위업과 명성이 있다면, 이는 정작 그것을 덜고 감하는 일일지도 모르겠다. 하지만 사람들은 그 어긋난 말과 허황된 기록을 더 즐기고 더 탄복한다. 평이하고 범상한 글에 대해서는 오히려 빨리 싫증을 내기 마련.

이 점에서는 석가모니의 전기 역시 다름이 없다. 아니, 더욱이나 높은 명성만큼 그 내용 역시 현실에서 적잖이 벗어난 면도 있다. 첫 취학 날, 태자와 그 스승 비슈와미트라와의 만남도 그 한 가지. 태자의 거룩한 모습에 스승이 놀라 넘어졌다는 것이 그것이다. 한역 경전에서 언필칭 그는 박사. 스승도 많겠지만 제자는 더욱 많았을 것이 분명하다. 그만큼 노련하고 숙련된 교사로서 아무래도 쉽게 상상이 가지 않는 행동 아닌가? 아니면, 교육자로서 유달리 세심하고 심약했던 그가 왕의 화려한 행렬에 갑자기 정신을 놓아버렸든가……

제자가 먼저 글을 통해 스승에게 인사를 올리는 장면도 여간 깜찍하고 대견스러워 보이는 장면이 아닐 수 없다. 숫도다나 왕과 왕비, 그리고 다른 일행 역시 순간 콧등이 시큰해지는 감동에 젖었음이 틀림없다. 헌데, 제자는 이미 스승도 모르는 문자를 무려 62가지나 더 알고 있었다. 더욱이 중국, 훈족, 천, 용, 야차, 아수라라는 듣도 보도 못한 이들의 문자였음에랴! 그것은 이미 어린아이의 재롱 혹은 장기자랑 수준을 넘어선 것이었다. 물론 전기 속에서 나중에 그가 출가하여 온 중생을 구하기 위해 이는 필수적인 장치이다.

그 외에도 불교 경전에서는 당시 태자의 교육내용이라 하여 다음과 같이 전한다. 서로 다른 문헌의 관련 내용을 취합하여 정리한 것임을 밝혀둔다.

먼저 싯다르타의 전담 스승으로서 5백 명의 제자를 거느린 발타라니 바라문이 추천되었다. 베다와 우빠니샤드에 정통한 비슈와미트라, 병법과 무예를 담당할 끄산띠데와, 수학을 담당할 아르쥬나도 동시에 추천되었다. 언어 및 문법학자로서 베다 및 그 보조학에 능통한 사빠밋따 바라문도 이에 합류하였다.

위에서 말하는 베다의 보조학이란, 베다를 배우기 위한 부속 학문 혹은 선행 학문을 말한다. 오늘날 유능한 항공공학자가 되려면 수학, 물리학, 천문학 등의 학문을 먼저 혹은 함께 배우지 않으면 안 되는 것과 마찬가지다. 당시 베다에 정통하기 위해서는 음운학, 제례학, 문법학, 어원학, 발성학, 천문학 등이 필수였다. 베다는 쉬루띠, 곧 신의 계시이고, 그와 관련한 음운학 등은 스므리띠, 곧 인간의 기억에 의한다는 점에서 이러한 명칭으로 불린다.

여기에서, 싯다르타는 비슈와미뜨라에게 64종의 문자를 배우고 있다. 이는 와타나베 쇼코의 석가모니 전기 내용과 다른 점으로, 이에 대한 논의는 생략한다. 끄산띠데와에게는 29종의 군사학을 배운다. 이들로부터의 수학 기간은 4년으로서 그동안 일체의 문자와 논서, 군사학, 잡술 등을 섭렵한다.

비슷한 시기에 활동했던 자이나교, 와이세시까, 수론, 요가 등의 사상도 어느 정도 접했음이 틀림없다. 수학, 신화, 시문학, 경제, 정치, 수사, 논리, 동물, 조류 등도 연구하였다. 무술과 관련해서는 승마, 창술, 궁술, 격투기, 수영 등을 연마하였다. 나아가 마술, 관상, 해학, 도박, 가무, 주술, 방중술 등의 잡기도 두루 익혔다고 한다.

싯다르타는 특히 수학과 토론에 출중한 실력을 가지고 있었다. 토론의 경우, 깨달음 이후 불법을 펴는 과정에서 자신의 제자 및 이교도들과의 대화를 통해 특히 빛을 발하고 있는 장면이 많다. 무예 중에서는 궁술에 뛰어났다고 한다. 그의 조부가 남긴 활은 그 동안 아무도 다룰 수 없었는데, 그만이 이를 가지고 궁술 시합에 나섰다는 이야기가 전할 정도.

지금까지 살펴보았다시피 그의 스승들은 대개 바라문 출신이었다. 수업 역시 그들의 이념과 의도를 주입하기 위한 과목이 많았다. 베다와 관련된 것은 특히 그러했을 터. 깨달음 이후 그가 브라흐만교에 대해 비난이든 칭찬이든 분명한 입장을 밝

힐 수 있었던 것도 그 덕분이었을 것이다. 청년 싯다르타의 학문 이력을 전하는 위의 글은 앞에서도 말한 것처럼 다소 혼란스럽고 산만하다. 불경 가운데 전하는 것에만 의존하다 보니 그 입장에서 더하고 뺀 것이 많았기 때문으로 생각된다. 브라흐만교를 배격하고 새로운 사상을 주창한 불교로서는 당연한 일. 거듭 브라흐만 사상의 대양 가운데에서 우뚝 돛을 달고 무아의 언덕에 이른 싯다르타의 탁월함이 돋보이는 대목이 아닐 수 없다.

하지만, 이로써 당시 그가 받았던 교육의 전모를 파악하기란 미흡한 점이 많다. 이에 대해 보다 체계적으로 이해하기 위해서는 당시 최하층의 수드라를 제외한 3계급 공통의 교육제도, 특히 그가 속한 크샤트리아의 교육 제도를 들여다볼 필요가 있다.

태어나면서부터 크샤트리아였던 싯다르타. 당연히 그에 걸맞는 교육을 받으면서 성장했을 것이 틀림없다. 물론, 이 역시 그 사회의 최정점에 있던 브라흐만들에 의해 의도되고 설계되었던 것일 터. 이를 통해 브라흐만들은 자신들 및 그 신에 대한 순응과 복종의 이념을 다른 계급에 각인시킬 수 있었음은 물론이다. 세상에 겨우 눈 뜬 어린 시절부터 한 인간의 지적이며 정서적인 성장을 온통 자신들의 목적에 맞추어 세뇌하고 통제하려 했던 것. 고대 인도의 대표적 정치, 외교, 군사 지침서이자 제왕학 교과서인 『실리론』의 내용을 살펴보기로 하자. 참고로, 여기에서의 교육 대상은 모두 크샤트리아 계급의 왕자 혹은 태자이다.

결발식을 치른 후에는 독서와 산술을 배우며 다시 입문식 후에는 베다, 철학, 경제, 정치 등을 배운다. 16살이 될 때까지 금욕적이며 청정한 생활을 보내고 그 후 치발식을 행하며 또 결혼식을 갖는다. 하지만, 성인이 되고 난 뒤에도 무술수련과 베다 학습을 비롯한 여러 학문의 연마를 게을리 하지 않는다.
– 까우틸리야, 『실리론』

위에서 결발식이란 어린 남자아이가 소년이 되는 의식이라고 할 수 있다. 계급에 따라 다르기는 하지만 대개 생후 1년에서 7년 사이에 행해졌다. 문자 그대로 머리카락을 모아 정수리에 묶어 올리는 의식으로 소년이 되었음을 세상에 알리는 의식이었다.

입문식은 대개 10세 전후에 행해졌다. 지금의 청소년기에 해당될 것이다. 본격적인 바라문 학문 체계로 들어서는 것을 말한다. 이 역시 계급에 따라 차이가 있었다. 바라문은 8~16년, 크샤트리아는 11~22년, 바이샤는 12~24년이었다. 그 뒤에도 계속 금욕적인 수학기간이 이어지는데, 최저 12년(베다 하나를 마치는 기간)에서 최대 36년이 걸렸다고 한다. 하지만 정통 바라문조차도 규정된 기간을 모두 채우는 예는 드물었으며, 특히 크샤트리아 및 바이샤의 경우는 더욱 그러했다. 16세(17·19·20세설 등이 있다)에 결혼한 싯다르타의 경우도 마찬가지.

다음 치발식은 청년기를 지나서 성인이 되었음을 알리는 의식으로 바라문은 16세, 크샤트리아는 22세, 바이샤는 24세에 각각 치렀다고 한다. 이 의식은 정수리를 제외한 모든 머리카락을 밀어버린 다음 남은 머리카락만 가지고 상투를 틀어 올리는 것이었다. 고대 인도신화를 묘사한 그림 속 소년들의 모습이 그것이다.

– 최완수, 『최완수의 우리문화 바로보기』

불교 경전에도 이와 관련한 내용이 보인다. 물론, 불교는 브라흐만교에 대항하여 태어난 까닭에 정식으로 그 일원이 되는 입문식 같은 것은 완전히 무시한다. 하지만 바라문이나 크샤트리아 등 당시의 엘리트 계층 출신들이 어릴 때부터 고유의 교육을 받았다는 점은 굳이 감추지 않는다. 여기에는 물론 왕자들에 관한 내용도 포함된다. 『자타카』의 한 대목에서 말하는 '부왕은 왕자가 7살이 될 때까지 3베다 및 삶에서 지켜야 할 일 모두를 닦도록 했다'라든가 '왕자는 16살이 되었을 때 일체의 학예에 통달했다'라는 등이 그것이다. 『실리론』에 의하면 왕자들의 경우 16살 무렵이 중요한 전환점으로서 이후 왕자는 엄격한 금욕생활을 떠나 공적 혹은 사적 양면에서 제왕학을 수학하는데, 『자타카』에서는 '16세에 이른' 혹은 '성인이 된' 왕자들이 학문을 더욱 연마하기 위해 유학길에 오르고 있기도 하다. 『실리론』의 기사와는 다르지만, 그때부터 다시 제2의 학생기 혹은 진짜 학생기가 시작되고 있는 것이다.

옛날 왕들은 설령 나라 안에 아무리 고명한 스승이 있더라도 '이렇게 해야 왕자들이 교만과 공고가 수그러들고 더위와 추위도 참으며 또한 세상의 이치도 깨우치리라'고 생각하고 각기 왕자들을 먼 나라에 유학보냈다.

- 자타카 II, 277

당시 이들의 유학지로서 『자타카』에 자주 언급되고 있는 곳은 서북 인도의 딱사실라. 유능한 교사들이 많아 인도 전역으로부터 바라문 청소년들이 운집하고 있었다. 학생들은 크게 둘로 나누어졌다. 스승에게 적절한 보수를 지급하고 학문에만 전념하는 자와, 스승의 집에서 일을 거들며 틈틈이 공부하는 자가 그것. 오늘날의 아르바이트인 셈이다. 물론, 왕자들의 경우는 전자. 그중에는 스승의 보수로 천금을 지불하거나, 그 위에 '샌달과 나뭇잎 파라솔' 등을 선물하고 유학에 오르는 예도 있었다. 왕자가 왕실 사제 및 장군의 자식들과 함께 유학하거나, 여러 나라에서 온 백여 명의 왕자들이 같은 스승 아래에서 동문수학하고 있었다는 이야기도 전한다. 교육 내용에 관해서는 '일체의 학예'라 하여 애매한 구석이 많은데, 여기에는 베다 학문 외에 무예 및 각종 실용 학문이 포함되어 있었을 것이다. 3 베다, 18종의 학예, 궁술을 나열하고 있는 문헌도 보인다.

『자타카』에 등장하는 왕들의 과반수 정도가 탁사실라 유학 경험이 있다는 것만으로도 당시 상황을 충분히 짐작할 수 있을 것이다. 드러나지 않은 경우도 다수 있을 것이라는 점을 고려하면 그 수는 더욱 늘어날 듯. 문제는 그 내용이 사실에 어느 정도 부합되느냐 이다. 실제로, 관련 내용을 들여다보면 상투적인 표현이 눈에 많이 띈다. 그 편찬자의 왕에 대한 이상적이고 과장된 이해의 일단이라고 이해된다. 상식적으로 말해, 당시 그렇게 많은 왕자들이 청년기에 이와 같이 먼 나라에서의 유학생활을 보내고 있었다는 것은 아무래도 납득하기 어렵다. 금욕에 바탕한 본격적인 수학기간은 16세까지라는 『실리론』의 내용이 더욱 현실적이라는 견해도 이러한 이유에서이다. 물론, 『자타카』에서도 16세에 달한 왕자가 부왕으로부터 왕위를 물려받고 결혼식과 즉위식을 동시에 거행한 이야기를 전하고 있기도 하다.

이제, 앞의 내용 곳곳에서 제왕학의 교과서로 등장하고 있는 『실리론』을 살펴볼 차례이다. 그 작자는 누구이고 언제 제작되었으며 내용은 무엇인지를 간단히 밝혀보고자 한다.

독일의 사상가 막스 베버는 그의 『직업으로서의 정치』에서 다음과 같이 말한다.

인도 윤리학에서는 정치 고유의 법칙을 그대로 인정할 것인지, 집요할 정도로 추구한 통치론의 제시가 가능했다. 인도 문헌 가운데 통속적인 의미에서 진정 래디컬한 '마키아벨리즘'은 까우띨리야의 『실리론』에서 그 전형이 드러난다. 이에 비하면 마키아벨리의 『군주론』 따위는 참으로 보잘 것이 없다.
— 막스 베버, 『직업으로서의 정치』

마키아벨리! 동서양을 막론하고 정치적인 권모와 술수의 달인으로 알려진 대표적 인물이다. '목적을 위해 수단과 방법을 가리지 않는 비열한 자'의 대명사로 흔히 쓰인다. 하지만 그만큼 많은 오해를 받는 인물도 없다는 것이 다른 한 편의 평가이기도 하다. 고금의 유명한 정치사상가들 모두 정치를 도덕 아래에 두었다는 점에서 차이가 없다. 더 많은 정의와 도덕이 사회에 실현되도록 노력하는 것을 정치의 사명으로 여겼던 것이다. 마키아벨리 역시 도덕을 부정하지 않았다. 단, 일반적인 의미에서의 도덕과 다른 도덕을 역설했을 뿐. 정치는 그 고유의 목적과 의의가 있기 때문이다.

군주된 자는, 특히 새롭게 군주의 자리에 오른 자는 나라를 다스리는 일에 곧이곧대로 미덕을 지키기는 어려움을 명심해야 한다. 나라를 지키려면 때로는 배신도 해야 하고, 때로는 잔인해져야 한다. 인간성을 포기해야 할 때도, 신앙심조차 잠시 잊어버려야 할 때도 있다. 그러므로 군주에게는 운명과 상황이 달라지면 그에 맞게 적절히 달라지는 임기응변이 필요하다.

할 수 있다면 착해져라. 하지만 필요할 때는 주저 없이 사악해
져라. 군주에게 가장 중요한 일이 무엇인가? 나라를 지키고 번
영시키는 일이다. 일단 그렇게만 하면, 그렇게 하기 위해 무슨
짓을 했든 칭송 받게 되며 위대한 군주로 추앙 받게 된다.

- 마키아 벨리, 『군주론』

그러한 마키아벨리를 초라하게 만든 이는 고대 인도의 정치,
외교, 경제, 군사 전문가이자 유능한 재상이었던 까우띨리야
이다. 활동 기간은 인도 역사상 최초로 통일국가를 이룬 마우
리아 왕조의 찬드라굽타왕(BC. 317~293) 때. 그가 『실리론』을
저술했다는 것은 하나의 전설이다. 이의 성립연대는 최소한 기
원후 4세기를 넘어서지 않는 것으로 보인다.

고대 인도인들은 인간이 이 세상을 살아가는 데에 3대 목적이
있다고 보았다. 살아 있는 인간이라면 누구든 이를 추구하고
완성해 가고자 한다는 뜻이다. 하나는 다르마, 곧 법이다. 인
간 세상의 보편 진리를 말한다. 다른 하나는 아르뜨하, 곧 실
리이다. 현실적인 이익을 말한다. 세 번째는 까마, 곧 향락이
다. 현세의 감각적인 향락을 말한다. 까우띨리야는 그 가운데
아르뜨하를 가장 중시했다. 나머지 둘은 이에 의존한다는 것

이 그의 주장.

작자가 누구든, 『실리론』의 모든 내용은 그 전에 이미 확립되어 있었음이 분명하다. 이는 그 안에 다양한 이설이 함께 공존하고 있다는 점에서 분명해진다. 어쨌든 까우띨리야는 이전의 모든 주장을 취사선택하여 현실적으로 검토한 바탕 위에서 자신의 주장을 전개하는 방식으로 『실리론』의 저술에 임하고 있다. 물론 그의 이러한 태도에 대해 그 본래의 의의를 훼손하는 행동이라고 비난하는 학자들도 있다. 하지만 이를 통해 오히려 종합적이고 합리적인 시점을 제공한다는 점에서 그의 『실리론』이 비슷한 책들을 압도한다는 평가가 더욱 우세한 것이 사실이다.

이 책은 단순한 정치서가 아니다. 경제와 법률, 학문, 왕궁, 건축, 보석, 금속, 임산물, 무기, 공간과 시간의 단위, 방적, 저울과 자, 직물, 주조, 기생, 선박, 소 ,말, 코끼리, 여권, 도박 등의 온갖 사항이 망라되어 있다. 한마디로 백과사전적 시각으로써 고대 인도의 사회 및 문화를 꿰뚫어볼 수 있는 귀중한 자료집이다.

이 같은 사실은 그 목차를 훑어보는 것만으로도 충분히 납득이 갈 것이다. 학문의 분류, 대신의 임명, 대신이 결백한지 시험하는 법, 스파이의 임명 및 파견, 왕자에 대한 경계, 왕의 자기보전, 성벽 건설, 관리에 의한 횡령금의 회복, 관리에 대한 감사, 저울과 자의 표준화, 농업장관, 주류장관, 선박장관, 유산분배, 매매의 해약, 언어폭력, 기탁에 관한 일, 급사자의 검시, 국고 보충, 인간과 악덕의 종류, 군영의 설치, 전투에 적합한 장소, 사절의 임무, 선동, 적군격파법 등. 전체 목록 가운데 약 5분의 1에 불과하지만 그 구성이 여간 만만치 않다. 앞에서 밝혔듯, 정치·경제·군사를 아우르는 그 스펙트럼은 당시로서는 한 나라의 경영을 충분히 예비할 만한 것으로서 아무 이의도 없었을 것이다. 그리고 이 점에서 『실리론』은 완성 이후 고대 인도의 여러 왕재들을 길러 내는 데에 없어서는 안 될 최고의 제왕학 교과서로 명성을 이어왔음이 분명하다.

분명한 것은 싯다르타 태자가 제왕학 수업을 받으면서 『실리론』을 직접 배울 기회는 없었다는 사실이다. 그것이 완전한 체제의 서책으로 세상에 나오기까지는 적어도 10여 세기를 더 기다리지 않으면 안 되었기 때문이다. 그렇다고 이를 대신할 만한 종합적이면서 보편적인 시각의 제왕학 서적이 당시 따로 있었던 것도 아니다. 이기적이고도 계급차별적인 바라문들의 베다 성전 및 율법서 등이 어린 왕자들의 생각을 일찍부터 세뇌하고 있었을 뿐.

태자의 수업이 『실리론』에서 완전히 비켜나 있었다는 것도 정확한 표현이 아니다. 시간적으로 공간적으로 이는 진실이다. 지식의 특성상, 그리고 상대적으로 뒤에 형성된 지식은 반드시 앞의 지식과 무관할 수 없다. 『실리론』이 과연 어느 한 시기에 한 사람에 의해서 집필되었는지 광범위하게 의심받고 있다는 점도 고려하지 않으면 안 될 것이다. 한마디로 『실리론』은 그 집필 직전까지 형성된 고대 인도인들의 관련 지식을 모두 집성한 것이라고 볼 수 있다. 당연히 싯다르타 태자 당시의 지식 자산도 여기에 포함된다. 반대로, 『실리론』의 내용 역시 전체는 아니더라도 당대의 제왕학 수업을 통해 태자도 이미 접했으리라고 보는 것이 더욱 타당할 것이다.

이제, 『실리론』의 이론을 현실 정치에 적극 활용했던 아쇼까 대왕의 경우를 살펴보도록 하자. 그는 고대 인도 마우리아 왕조를 연 찬드라굽타의 손자로서 부왕 빈두사라를 이어 세 번째로 왕위에 오른다. 그리고 즉위하면서부터 선대의 왕들로부터 이어받은 광대한 국토를 확고부동한 권력 기반 위에서 일생 동안 통치한다.

그의 삶에 전환점이 찾아온 것은 기원전 261년 깔링가국의 정복 전쟁. 영토 확장에 대한 자신의 야심이 선량한 인민들에게 얼마나 커다란 고통을 안겨주는지를 반성한 끝에 불교에 귀의한다. 이후 그는 무력에 의한 일체의 정복 전쟁을 중지하는 한편 다르마, 곧 인간 공통의 윤리에 입각한 바른 정치를 이상으로 삼고 이를 실현하는 데에 힘썼다. 부모와 어른에 순종하고 살생을 하지 말 것을 장려하였으며, 도로와 관개 등의 공공사업을 통해 인민의 복지를 향상한 것도 그의 업적.

그가 이러한 국정을 펼쳐 나가는 데에 『실리론』을 의지한 것은 아주 자연스러운 일이었다. 자신의 조부인 찬드라굽타의 인도 통일은 역사상 최초의 일이었으며, 그 뒤에 있었던 인물이 바로 『실리론』의 저자로 알려진 까우띨리야였다. 어린 찬드라굽타의 탁월한 판단력에 감동해 그의 교육을 자청하고 나선 학자 짜나꺄가 바로 그였던 것. 찬드라굽타의 스승으로서 그는 마우리아 왕조를 건립하는 데에 가장 큰 공을 세운 사람 가운데 하나였다.

찬드라굽타 왕 당대 및 그의 아들 빈두사라 왕 대에도 『실리론』의 명성은 지속되었다. 양대에 걸쳐 그 치밀하고 종합적인 시각 위에서 국가 운영의 전반적인 틀이 설계된 것은 당연할

일. 『실리론』의 내용은 일찍이 까우띨리야가 어린 찬드라굽타를 교육하면서 가르쳤던 내용 그대로였다. 그 진가는 찬드라굽타에 의한 인도 역사상 최초의 통일 제국 수립으로 충분히 입증되었던 터. 세 번째로 즉위한 아쇼까 왕 역시 자신의 국가운영에 이를 그대로 도입하지 않을 이유는 어디에도 없었다.

깔링가와의 정복 전쟁에서도 『실리론』의 조언은 유효했다.

전쟁과 기근은 짝을 이룬다. 나라의 모든 힘은 전투에 투여되기 때문에 농사를 돌볼 겨를이 없었을 것이며, 들판의 농작물은 적들에 의해 불태워지거나 약탈당했다. 전쟁 후에 깔링가국 전체가 기근으로 시달리게 되고 수많은 사람들이 죽어갔다. 포로로 잡힌 15만 명 깔링가 사람들은 국외로 내보내거나 또는 폐허가 된 옛 도시에 거류지를 형성하게 했다. 이것은 이미 찬드라굽따 시대부터 『아르뜨하샤스뜨라』(『실리론』)에 따른 관행이었다.

까우띨리야는 이와 관련하여 또한 다음과 같은 권고를 한다. "이 새로운 거류지들은 수드라 농민 백 가구 이상을 포함할 수 있으며, 그와 같은 8백 개의 거류지의 단위들을 방어하는 성채들을 지닌다. 그와 같은 정주지들은 외부 이민자들에 의한 무기의 소유를 허용할 수 없다."

– 이거룡, 『전륜성왕 아쇼까』

마우리아의 행정체계에서도 『아르뜨하샤스뜨라』(실리론)의
영향을 볼 수 있다. 이곳의 행정조직은 본래부터 중앙집권적
형태와 거리가 멀었다. 그 왕국의 궁극적인 목적은 영적이며
종교적이기까지 했다. 이러한 경향은 이미 『아르뜨하샤스뜨
라』에 포함되어 있었다. 아쇼까 왕은 이에 따라 그 취지를 다
른 여러 나라에 전파하고 있다. 바로 인류 보편의 법칙인 다르
마의 원리가 그것이다. 다르마의 전파는 정복과 달랐다. 그것
은 각자가 본래의 위치에서 자신의 전통에 최선을 다하라는
메시지였다. 이는 불교, 자이나교, 바라문, 아지비까 등 당시의
여러 종교에 대한 그의 열린 자세와도 깊은 관련이 있다.

『실리론』의 견해는 아쇼까 왕의 석주에서도 발견된다. 광범위
한 정복 전쟁 이후 자신의 주요 국정운영 방침을 돌기둥과 암벽
에 새겨 넣은 것이다. 아쇼까가 제왕학으로서의 『실리론』을 얼
마만큼 충실히 따르고 있었는지 알 수 있는 좋은 예중들이다.

먼저 까우떨리야의 행정체계 가운데 자나빠띠라는 행정단위
가 있다. 이는 대개 8백 마을 이상으로 구성되며 각 마을은 다

시 백에서 5백 가구로 이루어졌다. 당시 대가족의 경우 보통 열 명 정도가 한 가구를 이루고 있었다고 본다면 각 자나빠띠의 예상 인구는 거의 4백만 명이다. 실제로 아쇼까 석주에 의하면, 당시의 라주까, 곧 지사들은 '수백 만 명의 사람들' 위에 있었음을 알 수 있다.

법률과 관련된 부분에서도 마찬가지이다. 『실리론』에서는 형량 부과와 관련하여 왕권을 부여받은 라주까들이 청원과 관련한 최후법정이라고 밝힌다. 이에 따라, 누군가 사형을 받는 경우 3일간의 청원 기간이 주어졌다. 라주까들에 의한 판정의 재검토 및 사형수에게 내세를 준비할 수 있도록 배려하기 위한 것이었다. 이때 사형수의 친지들은 그의 목숨을 살리기 위해 판결에 대한 청원을 제기할 수 있었다. 이와 관련하여 아쇼까는 수형자가 특별히 형기 이전에라도 출소할 수 있는 조건들을 석주에서 언급하고 있다.

특별 사면에 관한 내용도 포함된다. 즉위 26년 되는 해까지 아쇼까 왕 자신에 의해 25회에 걸친 죄수 석방이 이루어졌다는 석주의 내용이 그것이다. 음력 초하루, 여드레, 열나흘, 보름 및 각종 길일 등에 행해졌다는 점에 비추어 이 역시 『실리론』에 의거한 시책이었음이 분명하다.

삼림행정에 관한 석주의 내용도 『실리론』에 이미 상세한 규정이 보인다. 이에 의하면, 산림에는 크게 보존림과 자연림이 있다. 보존림은 다시 놀이를 위한 숲, 코끼리를 위한 숲, 생산림으로 나뉜다. 자연림이란 야만족이나 도적들에 의해 점유되어 사용되는 숲이다. 놀이를 위한 숲이란 왕실 사람들을 위한 여가 목적의 숲이고, 코끼리를 위한 숲이란 외딴 곳에 위치한 곳으로서 자연림과 구별되었다. 생산림은 문자 그대로 여러 종류의 산림자원을 얻기 위하여 특별히 관리되는 숲을 말한다.

군사와 관련한 까우띨리야의 발언도 흥미롭다.

무기는 병기고에 보관되었으며, 말과 코끼리를 관리하기 위한 상당수의 마구간지기들이 있었다. 행군할 때, 말을 아끼기 위래 전차는 거세하지 않은 황소들이 끌기도 했다. 두 마리 또는 네 마리의 말을 나란히 마구를 채워 끄는 각 전차는 마부 외에 두 명의 전사들이 끌었다. 나라의 운송수단으로 사용될 때 마차들은 4마리의 말이 끌었다. 까우띨리야에 의하면 '왕들의 승리는 주로 코끼리들에 달렸다.' 그는 누구든 코끼리를 죽이는 자는 사형에 처한다고 규정한다. 전투를 위한 수천 마리에 달하는 어마어마한 수의 코끼리들이 유지되었다. 각 전투 코끼리는 코끼리 모는 사람 외에 세 명의 전사를 태웠다.

– 이거룡, 『전륜성왕 아쇼까』

까우띨리야의 교육관

까우띨리야의 교육관을 살펴보는 것도 중요한 일이 아닐 수 없다. 앞의 단편적인 언급 외에, 여기에서는 좀 더 상세하게 살펴보고자 한다. 그 최초의 중요한 결실 가운데 하나가 바로 찬드라굽따라는 것은 새삼 말할 필요도 없을 것이다. 인위적인 교육을 강조하는 그의 의도대로 찬드라굽따는 인도에 최초의 통일 제국을 이루는 위업을 달성한다.

그의 교육과정은 두 시기로 나뉜다. 먼저 기초과정. 철자법을 익히고 셈법을 공부한다. 이는 오늘날과 비교해서 크게 다르지 않다고 본다. 이 과정은 대개 8세 이전에 끝난다. 다음에는 고급 과정. 성인이 되어 종사할 직업 혹은 전문 분야와 관련된 과목들을 학습한다. 가장 처음 배우는 것은 산스크리트어. 그 사회의 사상과 윤리의 원천인 베다 경전을 익히기 위해서였다. 베다 이외의 안비끼쉬끼, 곧 비정통적인 철학사상들에 관해서도 일정한 학습이 이루어졌다. 비교 과정을 통해 바라문교의 우월성을 확인하고 각자의 신앙을 더욱 돈독히 할 수 있기 때문이다.

 이상의 과정은 주로 어린 피교육자의 신앙 및 의식 형성과 관련되어 있다. 일찍부터 바라문 사회의 일원으로 성장하도록 그 교육 방향과 틀을 제시하는 것이다. 이때 터득한 베다의 이념과 실천은 평생에 걸쳐 그가 한 바라문으로서의 정체성을 확립해 나아가는 데에 중요한 초석이 된다.

그 다음은 자신이 처한 현실과 물질에 관한 학습. 정신과 사상의 함양에 뒤이어 육신을 기르고 세력을 다지는 방법을 제시한다.

그 다음은 바르따에 대한 공부이며, 이것은 주로 부가 무엇이며 또한 가난이 무엇인가에 대한 이해를 주로 한다. 농사, 가축 기르기, 장사는 이 과목의 주요 세 가지 주제이다. 바르따는 "곡물, 가축, 금, 숲에서 나는 산물, 노동력을 얻는데 가장 유용한 수단으로 간주되었다. 왕이 자기편과 반대 세력을 자신의 통제 하에 둘 수 있는 것은 오직 바르따를 통해 얻은 보화와 군대에 의해서이다." 이 과목은 나라의 경제나 재정상의 기능들에 대한 이론뿐만 아니라 실제 운용에 정통한 정부 감독관이 왕자를 가르쳤다.

- 이거룡, 『전륜성왕 아쇼까』

피교육자, 특히 왕자들에 대한 학습에서 그가 가장 중시했던 것은 역시 정치 혹은 통치술이었다. 이들이 성장해서 왕이 되어 하는 일이 바로 정치 아니던가! 통치술이란 그에 관한 모든 기술적인 요소들의 집합이고. 제왕학의 본질은 바로 여기에 있다. 그리고 까우띨리야의 제왕학이 고대 인도의 왕자들에게 절대적인 영향력을 미쳤던 것도 바로 이에 대한 충실한 조언 때문이었다.

『아르뜨하샤스뜨라』에서 정치학은 단다니띠로 불린다. 이에 대해 까우띨리야는 다음과 같이 말한다. "안비끼쉬끼와 3베다, 그리고 바르따의 온전한 확립과 발전의 원천인 왕권은 단다, 곧 징벌을 통해 드러난다. 단다를 다루는 것은 형법 또는 통치술이다. 세계의 발전이 바로 이 학문에 달려 있다. …… 지나친 형벌을 가하는 자는 백성의 원성과 반발을 사게 된다. 지나치게 느슨한 형벌을 가하는 자는 누구나 백성들에게 업신여김을 받는다. 그러나 합당하게 형벌을 가하는 자는 존경을

111

받게 된다. 합당한 고려에서 주어지는 형벌은 백성들이 의를 존중하게 하며 부와 즐거움을 가져오는 일에 전념하게 한다. 이에 비해 무지 때문에 탐욕과 분노의 영향 하에 그릇되게 부과되는 형벌은, 세간의 백성들은 말할 나위도 없고 심지어는 숲속의 은둔자나 고행자들 사이에도 열화 같은 분노를 불러일으킨다. 그러나 형법이 증지될 때, 그것은 물고기에 관한 격언 [약육강식을 말한다; 필자 주]에 함축된 것과 같은 무질서가 야기된다."

- J. Jolly, Arthasastra of Kautiliya

왕의 통치술은 평시와 전시를 구분하지 않는다. 왕은 평소 국가에 평화를 유지하는 일뿐 아니라, 전시에는 영토와 백성을 보호하기 위해 최대의 노력을 기울이지 않으면 안 되었다. 평시의 유능한 국정 운영 외에 전시에 대비한 교육 또한 까우띨리야 제왕학의 핵심으로 자리잡고 있는 이유이다.

이에 따라 피교육 중인 왕자들은 오전에는 주로 각종 무기와 코끼리, 말, 전차 등의 탈 것, 공격과 방어에서의 용병술, 외교술을 익히는 데에 시간을 보냈다. 전투 수단으로서의 코끼리의 중요성에 대해서는 앞에서도 밝힌 바 있다. 왕들의 승리는 주로 코끼리들에 달렸으며, 누구든 코끼리를 죽이는 자는 사형에 처한다는 까우띨리야의 규정이 이를 잘 대변한다.

군사 및 전투 교육 중심의 오전 일과가 끝나면 오후에는 평시에 필요한 과목을 수학했다. 왕국의 연대기, 설화집 등의 문학, 종교 및 정치사 등이 그것이다. 나머지 시간은 그동안 배운 것을 복습하거나 앞으로 배울 것을 예습하기도 했다. 수학 과정에 있는 왕자들에게는 단순하고 절제된 삶이 강조되었다. 욕망과 감정을 잘 다스려 분별력 있게 행동하기를 바랐던 것이다.

지금까지 까우띨리야의 『아르뜨하샤스뜨라』(『실리론』)에 대해 대략 살펴보았다. 전체적인 성격과 특징 외에 상세한 검토는 이 글의 목적이 아니다. 다만, 유명한 아쇼까 왕의 석주에서 그의 가르침이 확인된다는 사실을 발견한 일은 의미있는 일이다. 실존의 위대한 왕과 그의 오랜 역사적 기념물에 직접 연결되어 있다는 점에서 다시 한 번 이에 대해 깊은 감회가 밀려온다.

태자의 결혼

그보다 한참 전의 일이지만, 싯다르타 태자 역시 이러한 고대
인도의 제왕학 전통과 무관하지 않은 교육을 받았던 것으로
보인다. 미래의 왕을 위한 최고의 수업은 이전에도 이후에도
가장 완벽하게 보존되어 전승되어 왔을 테니까 말이다. 앞에서
『아르뜨하샤스뜨라』에 따라 그 내용을 추측해본 것도 이러한
전제에 의한다. 수업 기간은 대개 8년, 마치는 나이는 16살에
서 17살 정도였다. 그리고는 바로 결혼식을 올리는 것이 이들
의 관행.

싯다르타 역시 수학 기간이 끝나면서 부모에 의해 바로 결혼
한 듯하다. 물론, 그의 결혼시기에 대해서는 여러 가지 설이 있
다. 16, 17, 19, 20살 등. 그 가운데 남방의 전승에 의하면 16세
이며, 현재 이 설이 가장 널리 지지를 받고 있다. 앞에서 살펴
본 당시 크샤트리아의 교육체계 및 왕실의 관습 등도 이를 뒷
받침한다.

......

예쁜 꽃으로 장식하고 좋은 나무로 만든
다채롭고 황금빛 나는
수르야여, 훌륭한 바퀴 가진 가뿐히 달리는 수레에
불사의 세계에 오르시라.
낭군을 위해 멋진 행열을 준비하시라.

이 여자에게 남편이 있다면 여기에서 물러가시라.
난 찬가를 부르고 절하여 비쉬바바수에게 기원하노니
적령기가 되어 아직 아버지 곁에 사는 다른 딸을 찾으시라.
그것이 본래 그대의 몫이니, 이 점을 마음에 새기시라.

우리의 벗들이 구혼하러 가는 길
그 길은 끊기지 않고 제대로 있으라.
아르야만과 바가는 우리들을 화합하게 하기를
신들이여, 집안일이 원활하도록 해주소서.

나는 그대를 바루나의 올가미로부터 해방하노라.
그리하여 우의에 넘치는 사비트리가 그대를 묶는 올가미로
부터

진리의 품이자 선행의 세계에
탈 없는 남편과 그대가 함께 하도록 하노라.

......

나는 신부를 여기에서 떼어 놓으나
거기에서는 떼어 놓지 않노라.
그녀에게 좋은 아들을 가질 행운이 있도록
은혜 깊은 인드라여, 나는 그녀를 거기에 단단히 묶노라.

푸샨은 손을 잡고 그대를 이로부터 인도하고
아쉬빈 쌍신은 그의 수레로 그대를 나르노라.
남편의 집으로 가 아내가 되도록 하라.
실력 있는 아내로서 그대 집안일에 발언할 수 있기를.

여기에서 그대가 자식에 의해
즐거움과 기쁨을 누리 수 있기를.
집안을 이끌려면 집을 돌보고 남편에게 몸을 맡기라.
그리하여 부부가 함께 늙어서도 집안일에 발언할 수 있기를.
- 정승석, 『리그베다』

싯다르타 당시의 국민 성전인 『리그베다』 중의 결혼에 관한 부분이다. 원래 태양의 딸 수르야와 달의 신으로 표현된 소마와의 신화적인 결혼을 노래한 것으로서, 후반부는 당시 실제의 결혼 의식을 담고 있다. 물론 이는 당시의 결혼 과정 및 풍습을 대략 추측해볼 수 있는 자료일 뿐이다.

아마도 싯다르타는 16살에 결혼한 이후, 다시 더 많은 여인들과 결혼했을 수도 있다. 불경에서는 부왕 숫도다나가 세 곳에 궁전을 짓고 아들이 살도록 했다고 한다. 이유는 혹시라도 아들이 출가하려는 마음을 내지 않도록 호사스러운 생활에 젖게 하기 위해서였다. 바로 그 궁전마다 다른 아내가 있었다고 불경에서는 전한다. 부왕의 계획은 그가 나중에 출가함으로서 결국 실패로 돌아간다. 다만 나중에 그가 제자들에게 다음과 같이 말했다는 점에서 아들에게 어떤 깨달음을 주는 데에는 최소한 성공했다고 본다.

나는 여자의 몸·음성·냄새·미감·손길만큼 남자의 생각을 사로잡는 몸·음성·냄새·미감·손길을 알지 못한다. 나는 남자의 몸·음성·냄새·미감·손길만큼 여자의 생각을 사로잡는 몸·음성·냄새·미감·손길을 알지 못한다.

- *Rupadivagga*, 증지부 *I*, *1*

그의 부인이 야소다라였다는 점은 많은 기록이 일치한다. '젊고 아름다우면서도 교만하지 않고 삿된 생각을 하지 않고 시부모를 자기 부모처럼 섬기고 주위 사람 돌보기를 자기 몸처럼 하고 부지런해야 한다'는 그의 이상형에 딱 들어맞는 여인이었다. 그녀는 실제로 '외모가 단정하고 엄숙하며 예쁘고 아름다웠으며 키가 크지도 작지도 않았으며 몸뚱이도 뚱뚱하지도 않고 야위지도 않았으며 피부가 희지도 검지도 않았다'고 한다.

숫도다나 왕이 처음에 태자의 결혼 계획을 발표하자, 5백 명의 대신이 저마다 딸을 천거했다. 이러한 사실을 알리자, 태자는 부왕에게 7일 후 자신의 견해를 밝히겠다고 말한다. 그리고 7일 후 평소 그가 생각하고 있던 이상적인 여인상이 드러난다. 나중의 야소다라였다.

그가 야소다라와 결혼하기까지는 몇몇 고비가 있었다. 야소다라는 싯다르타에게 호감을 가지고 있었다. 그리고 그녀는 의외로 씩씩했다. 선을 보기 위해 궁으로 불러들인 많은 처녀들 가운데 자신만이 싯다르타로부터 반지를 받자, 그녀는 '나 자신 당신 곁에서 빛나는 보석이 되어주겠다'고 고백한 것이다. 문제는 그녀의 부모들이었다. 자신들의 집안은 대대로 문무가 뛰

어난 사위를 보았으니, 아무리 왕자라도 다른 샤까족 청년들과
의 시합에서 이겨야만 한다는 것이었다.

이렇게 시작된 여러 경기에서 태자는 연이어 승리한다. 마지막
으로 그 앞에 또 다른 도전이 주어진다. 활쏘기였다. 여기에서
도 싯다르타는 모든 경쟁자들을 보기 좋게 물리친다. 조부 사
망 이후 아무도 다룰 수 없어 사당에만 보관하고 있던 최고의
명궁 덕분이었다. 그 뒤 싯다르타가 야소다라와 결혼했음은 물
론이다.

당시 그의 화살이 떨어진 곳에서는 샘이 솟아났다고 한다. 사
라꾸빠, 곧 화살 우물이 그것이다. 사실 여부는 알 수 없지만,
한참 뒤 이곳을 방문한 현장은 자신의 『대당서역기』에서 다음
과 같이 회상한다.

성의 동남쪽 30리 되는 것에 작은 탑이 있다. 그 옆에 샘이 있
는데, 샘물이 거울처럼 맑다. 이곳이 바로 태자가 샤까족 청년
들과 활을 쏘아 능력을 겨룬 곳이다. 화살은 시위를 떠나 북을
뚫고 땅속까지 깃을 떨구니 맑은 물이 솟구쳤다. 그 고장에 전
해오는 말로는 '화살의 샘'이라 한다. 병이 있는 이가 마시거
나 목욕하면 낫는 일이 많고, 먼 지방 사람들은 그곳의 진흙을

가지고 와서 아픈 곳에 바르면 신령스럽게도 낫는 일이 많다
는 것이다.

- 현장, 『대당서역기』

야소다라가 제1 부인이 아니었다는 설도 있다. 구이라는 여인
에 이어 제2 부인이었다는 것이다. 이와 다른 주장도 있다. 현
재로서는 야소다라가 싯다르타의 유일한 부인이었는지 확신
할 수 없다. 후세의 전기 작가들이 교주로서의 그의 품위와 신
성을 훼손하지 않기 위해 관련 부분을 많이 각색한 듯하다. 당
시의 혼인 및 가족 제도에 관한 연구도 더 필요하다고 본다.
한 가지 분명한 것은, 야소다라만이 싯다르타의 혈통을 이을
자식을 낳았다는 것. 이로써 그녀는 혹시 있었을지 모르는 여
인들 간의 서열 다툼에서 단번에 정상의 위치에 설 수 있었을
것이다.

결혼 이후의 삶

태자의 결혼은 그가 이제 성년이 되었음을 의미한다. 한 가정

의 가장인 동시에 나라의 앞날을 짊어진 유력자의 반열에 오른 셈. 통상적인 경우, 그는 이때쯤 자연스럽게 왕위를 물려받아 국가경영에 나설 수도 있다. 혹은 부왕이 건강하거나 세력이 왕성한 경우 왕위에 늦게 오르는 대신 어떤 형태로든 그에 걸맞는 활동을 펼치기 마련이다. 이를테면 지방의 한 지역을 맡아 다스리면서 통치경험을 쌓는다거나 혹은 몸소 외적의 침입에 맞서 싸워 공적을 세우는 등이 그것.

여기에서 태자 시절의 아쇼카 왕을 한번 살펴보도록 하자. 굳이 그를 예로 드는 것은 몇 가지 이유에서이다. 하나는, 불전에서 자주 언급된다는 점이다. 잘 알다시피, 그는 불법에 바탕하여 정복전쟁의 과오를 뉘우치고 많은 선행을 쌓은 인물로 평가된다. 다른 하나는, 역사가 빈곤한 인도사에서 그에 관한 자료가 비교적 풍부하다는 점이다.

당시 왕자들의 제왕 수업이 8~10년 정도가 소요되었다는 것은 앞에서도 말했다. 소정의 교육과정을 마친 왕자, 그중에서도 태자는 바로 즉위식을 갖거나 혹은 결혼식까지도 함께 치렀다. 여기에서, 그 나이에 왕위에 오른다는 것은 너무 이르지 않느냐고 생각할 수도 있을 것이다. 열여섯이면 요즘 나이로 중학생 정도. 생각조차도 하기 힘든 연령임에 분명하다. 책가방 등에 메고 힘없이 달려간 교실에 왜소하게 앉아 있는 그들 어디에서 감히 일국을 호령하는 왕의 기미를 느낄 수 있겠는가!

하지만 그것이 바로 제왕 교육의 힘 아닐까? 나라의 모든 교육 역량을 집약한 최단기간의 최고지도자 과정. 짧지 않은 세월을 이어온 그 프로그램 속에서 그는 이미 왕이었다. 교사는 대신이요, 시종은 호위무사요, 읽고 쓴 모든 것들은 국사를 처리하고 왕명을 내리는 절차에 다름 아니었던 것. 이를 모두 마치고 그에게 남은 것은 이제 현실에의 적용뿐. 아쇼카 태자 역시 왕위에 바로 오르는 대신 방대한 영토의 일각에서 정치 및 군사적 업적을 쌓는 것으로써 뒷날의 위대한 왕을 향해 나아가는 첫걸음을 내딛는다.

아쇼까의 실제적인 통치 훈련은 부왕의 명으로 북서쪽 변방인 딱사실라에 파견되면서부터 시작되었다. 현지에서 일어난 민중들의 소요사태를 진압하기 위해서였다. 앞서 이곳에 온 것은 그의 형인 수시마. 그가 주어진 임무에 실패하자, 부왕은 이번에는 동생인 아쇼까를 보냈던 것이다. 놀랍게도 아쇼까는 현지인들로부터 대대적인 환영을 받는다. 중앙정부에 충성을 표하기 위해 예물을 들고 온 사람들이 줄을 설 정도였다.

그의 다음 목적지는 아반띠. 중부 인도의 광활한 지역에 걸쳐 있는 곳으로서 농산물이 풍부한 무역과 상업의 중심지였다. 그는 수도인 웃자인에 머물며 11년에 걸쳐 이곳을 통치하였다. 당시 그곳은 일부 자치권을 누리는 여러 부족들이 살고 있었다. 불과 수십 년 전, 찬드라굽타의 마우리아 제국에 합병된 이들은 기회만 되면 독립과 저항의 깃발을 올릴 태세였다.

아쇼까가 이곳에 오래 머무른 것도 이를 위무하고 진정시키기 위한 것. 이곳에서의 임무를 마친 그는 다시 인근의 까사 왕국으로 떠난다. 오늘날의 까시미르 지역으로서 당시 제국 최고의 변방이었다. 마찬가지로 이곳에서도 소요사태를 즉각 진압함으로써 인근 네팔 산악지대로 그것이 번지는 것을 차단하는 효과까지 거둔다. 그의 통치 실습은 승리와 영광의 연속이었다. 그것은 이후 그의 빛나는 왕업에 대한 충분한 예고였던 셈.

아마도 이는 부왕의 그에 대한 신뢰가 없었더라면 불가능한 일이었을지 모른다. 아니, 부왕에 대해 그가 움직일 수 없는 신뢰를 쌓아갔기에 가능했던 일이라는 표현이 더 적절할 것이다. 사실 동서고금을 막론하고 태자 혹은 왕자에 대한 부왕의 견제는 권력의 특성상 불가피한 것이었다. 왕자들의 발호나 세력화는 왕권에 대한 직접적인 위협이 되기 때문이다. 고대 인도 왕국에서도 이는 마찬가지였다. 까우띨리야 또한 자신의 저서를 통해 이에 대한 경고를 아끼지 않고 있다.

탄생할 때부터 왕자들을 경계하지 않으면 안 된다. 왕자라는 것은 마치 게와 같아서 자기를 낳아준 부모를 잡아먹기 때문이다. 부왕은 그들에게 애착하는 대신 침묵의 형벌을 가하는 것이 좋다.

- 까우띨리야, 『아르뜨하샤스뜨라』

싯다르타의 고민

사실 싯다르타와 아쇼까를 같은 왕자 혹은 태자로서 비교한다는 것은 처음부터 잘못이다. 특히 태자라는 말의 성격과 지위를 생각할 때 더욱 그렇다. 태자란 군주제, 곧 왕이 국가경영의 최고 우두머리인 나라에서 그 자식들 가운데 다음 왕위를 이어 받기로 약속된 자이다. 그러니까, 이와 관련해서는 먼저 영토와 주권과 국민을 가진 제대로 된 나라의 왕과 그 후계자를 고려해야만 한다.

여기에서 떠오르는 의문 한 가지. 석가모니의 전기 어디를 살펴보아도 그가 속한 나라 혹은 조국의 명칭이 명확히 드러나지 않는다는 점이다. 나라도 조국도 없는 성인이라니…… 사람들은 자신이 따르는 종교의 교주에 대해 많은 관심을 갖는다. 불교인들 역시 마찬가지. 그가 태어나고 자란 나라에 대한 관심도 그중 하나. 그것이 더욱 크고 오래되고 강성할수록 그에 대한 신앙도 더 확대된다.

그의 죽음 이후 인도에서 제작된 전기들이 원래 그랬는지는 모른다. 분명한 것은, 최소한 중국에서 번역된 그 전기들은 출가 이전 그의 신분 및 생활을 군주제 국가의 태자에 준하여 묘사하고 있다는 사실. 카필라성 혹은 카필라국·왕·왕비·왕궁·대신·태자 등이 그것이다. 먼저, 카필라성이나 카필라국의 '성' 및 '국'이라는 말이 어떻게 시작되었는지 더듬어 보기로 하자. 왕, 왕비 등은 그 다음 문제.

이 말의 원래 형태는 카필라바스뚜. 그곳에 살던 옛 수행자의 이름인 '카필라'와, 지역이나 장소라는 뜻의 '바스뚜'가 합쳐진 말이다. '카필라 지역'쯤으로 이해해도 좋을 듯. 그러니까, 그것은 애초 높은 '성'이나 한 '나라'와는 별 관계가 없는 말이다. 어쨌든 그 지역을 포함하여 싯다르타와 동일한 종족인 석가족이 일정한 범위의 땅에 함께 모여 살았고, 그 수는 거의 백 만을 헤아렸다고 한다. 당시로서는 적지 않은 인구 아니었을까?

당연히 그곳에는 모든 것을 다스리는 우두머리, 곧 통치자가 있었을 것이다. 그의 거주 및 집무 공간인 궁실도 있었을 테고. 그를 보좌하는 정치, 경제, 군사 등의 전문가들도 함께 머물렀을 터. 옛날이다 보니 지역을 방비하기 위한 성도 있었다. 이른바 도성이다. 도읍지, 곧 수도를 지키는 성이란 뜻. 수도 그 자체를 의미하는 말로도 쓰인다. 지금 우리나라의 수도 서울도 이전 왕조시대에는 도성으로 둘러싸여 있었다. 성 안팎을 이어주는 통로는 네 곳의 큰 문과 작은 문뿐. 그때 서울의 이름은 한양성 혹은 한성이었다. 도성에서 비롯한 명칭이다. 마찬가지로 성으로 둘러싸여 있던 카필라 지역이 한문 경전에서 카필라'성'으로 전하는 이유이다. 그렇다면 카필라'국'은?

당시 인도 땅에는 모두 16곳의 대국이 있었다고 한다. 규모와 체제 면에서 모두 나무랄 데 없는 왕국이었다. 학자들의 연구에 의하면 이들의 정치체계는 크게 두 가지, 공화제와 군주제였다. 공화제란 권력이 한 곳에 집중되지 않고 여러 사람에게 분산되는 정치 형태를 말한다. 고대의 공화제에서는 왕이 없는 대신 귀족이나 원로들이 함께 국사를 처리하였다. 이에 대하여 군주제는 왕 한 사람에게 모든 권력이 집중된다. 그 틈바구니에 몇몇 전통 종족사회가 있었다.

종족 사회는 원시공동체 사회의 최고 발달된 모습이다. 씨족과 부족사회를 거쳐 정치 및 경제적으로 독립한 단계. 하지만 이후 더욱 발달된 형태의 국가가 출현하면서 이들은 그에 흡수되거나 병탄되는 운명을 맞는다. 군주제 국가든 공화제 국가든, 모두 이들 종족 사회의 소멸 위에서 건설되었던 까닭이다. 이후, 상대적으로 강한 군주 국가는 다시 주변의 나라들을 정치 경제적으로 예속하거나 흡수해 나간다. 16대국 중의 하나인 꼬살라국의 석가족에 대한 지배, 그리고 다시 마가다국에 의한 꼬살라국의 멸망이 대표적 예.

싯다르타의 석가족은 결국 군주제나 공화제의 왕국이 아닌 조그마한 종족 사회의 하나였음을 알 수 있다. 이러한 형태의 공동체 사회를 나라나 국가로 부른다는 것은 학문적으로 타당하지 않다. 그것은 엄연히 국가 이전의 발단단계에 속하기 때문. 물론, 일반적인 경우 이에 대한 '나라' 또는 '국'의 명칭이 불가능한 것은 아닐 것이다. 영토·백성·주권·통치자를 가진 공동체를 이렇게 부르는 것은 학문 이전의 문제이기 때문이다. 한

문불전에서의 카필라‘국’은 일찍이 중국 역경가들이 가졌던 이러한 인식의 산물 아닐까?

석가족을 포함한 종족 회의 통치형태 역시 일종의 공화제였다고 한다. 물론 전체 백성이 아닌 소수의 귀족이나 원로들만의 합의기구에서 나라 일을 처리했다. 이들 중에도 우두머리는 있었다. 이른바 원로회의 의장이나 귀족회의 의장. 싯다르타의 아버지인 숫도다나 ‘왕’도 실은 이의 일원이었을 것이다. 그 선출은 정기적인 회합에서 이루어졌으며 원로들끼리 차례로 맡아보는 윤번제였을 가능성도 있다. 물론 연임도 가능했으리라고 본다. 이는 군주제의 특징인 세습왕제와의 가장 큰 차이점이다. 부왕과 태자로 계속 이어지는 왕위계승법 말이다.

이에 의하면, 당시 싯다르타는 정확히 말해 왕자도 태자도 아니었던 것이다. 부왕인 숫도다나가 왕이 아닌, 종족의 원로회의 의장 정도였으니 말이다. 이러한 체제 하에서는 자신의 아버지를 이어 원로회의에 나아갈 수도 없다. 원로란 문자 그대로 나이도 많고 덕망도 높고 또한 종족 사회 전체를 위한 커다란 공적이 있어야 하기 때문이다. 군주제에서의 특권적 세습은 여기에서는 애초 불가능한 일. 왕비·왕궁·대신 등의 표현도 마찬가지이다. 위의 카필라‘국’의 경우와 함께 생각해보면 자명해질 듯.

더욱이 석가족은 당시 꼬살라국에 정치적으로 예속된 처지였다. 꼬살라가 16곳의 대국 가운데 하나였다는 것은 앞에서도 밝혔다. 이들은 서로 먹고 먹히는 혼전 가운데 있었으며 이러한 상태는 나중에 찬드라굽타에 의해 통일될 때까지 계속된다. 그 과정에서 먼저 까시국을 점령한 꼬살라는 여세를 몰아 석가족까지 속령화했던 것. 석가족이 겨우 명맥을 유지할 수 있었던 것은 다른 강대국인 마가다와의 혼인을 통해 꼬살라를 견제했던 덕분이었다. 그들은 꼬살라의 간섭과 감시의 눈길에서 한시도 자유로울 수가 없었다. 싯다르타와 아쇼까 태자와의 비교가 애초 불가능하다고 앞에서 말했던 것은 이상의 이유에서이다.

결혼 이후 싯다르타의 삶 역시 이러한 상황과 무관할 수 없었을 것이다. 그는 실제로 왕자였는지 모른다. 물론 독립국이 아닌 속국이기는 하지만…… 원로회의 의장의 오랜 연임은 그의 아버지 숫도다나의 힘과 능력이 실제의 왕에 다름 아니었다는 의미일 수도 있다. 백만이라는 그 인구도 일개 종족으로 얕잡아볼 만한 것은 아니었을 터. 하지만 그 나라의 현실은 강대국의 속령이었다. 결국에는 그 역시 그 속민의 하나일 뿐.

이러한 상황 하에서 그가 나중의 아쇼까처럼 통치 훈련에 나서는 등의 활동을 펼친다는 것은 어불성설이다. 그 나라의 정치체계가 세습군주제도 아니었고 정치 및 군사적으로 꼬살라의 감시 하에 놓여 있었으며, 또한 그 자신 객관적으로 인정받을 만큼 큰 공적을 세운 적도 없지 않던가! 그렇다면 그가 할 일은 무엇이었을까? 어떻게 살아야 했을까?

결혼 이후 그의 삶은 출생 당시 현자들이 예언했던 두 길 가운데 하나로 모아지는 모습이다. 출가 수행자가 되어 온 중생을 구제하는 부처가 되리라는 것 말이다. 이는 그의 삶을 전하는 많은 불전에 거의 공통된 내용이다. 그 이전의 엄격하고 오랜 제왕수업 과정을 생각하면 이는 부자연스러운 일이 아닐 수 없다. 크샤트리아로 태어나 그에 합당한 지식과 무술을 습득한 성년의 싯다르타는 어디에서도 찾아볼 수 없기 때문이다. 앞에서 그럴만한 이유를 어느 정도 제시하고 있기는 하다. 하지만 전인적 교육을 마친 한 인간의 치우친 듯한 삶을 설명하기에는 뭔가 부족하다는 느낌이다.

싯다르타의 그러한 경향을 경전에서는 아주 오래 전부터 예비된 것으로 설명한다. 까마득한 옛날부터 시작된 윤회의 고통으로부터 벗어나 영원한 평안의 세계로 들어가기 위한 마지막 삶의 모습이라는 것이다. 수 십억 년 전부터 그가 염원해온 깨달음과 중생구제에의 의지가 이제 막 지상에서 열매 맺기 위한 필연의 과정이라는 것이다. 하지만 그의 아버지 숫도다나의 바람은 아들로 하여금 그 의지를 포기하고 계속 크샤트리아의 길을 가도록 하는 것이었다. 앞에서 잠시 살펴보았지만, 훗날 다음과 같은 석가모니의 회상은 혹시 그 절절한 부정에 대한 그리움 혹은 연민 같은 것 아니었을까?

내가 출가하기 전 부왕은 봄 궁전·여름 궁전·겨울 궁전을 지었으니, 그것은 나를 편하게 살도록 하기 위해서였다.

궁전에서 멀지 않은 곳에 연못이 있었는데 그곳에는 푸른 연꽃·붉은 연꽃·빨간 연꽃·흰 연꽃을 심었다. 그곳에는 수비병을 두어 사람들이 마음대로 통행하지 못하도록 하였으니, 그것도 나를 편하게 하기 위함이었다.

네 사람을 시켜 나를 목욕시키고는 붉은 전단향을 내 몸에 바르고 항상 새 비단옷을 입도록 하였다. 그리고는 밤낮으로 일산을 받치게 하였으니 밤에는 이슬을 맞지 않게 하기 위함이요 낮에는 햇볕에 그을리지 않게 하기 위함이었다.

다른 집에서는 밀기울이나 보리밥을 먹었지만 우리 집에서는 가장 낮은 하인들도 쌀밥과 기름진 반찬을 먹었다. 들에는 짐승들을 길렀는데 그것을 잡아서 나를 위해 요리를 만들려는 것이었다.

여름 넉 달은 정전에 올랐는데, 그곳에는 남자들은 없고 오직 기생들만 있어서 항상 춤추고 노래하였다. 그리고 내가 동산으로 나갈 때는 30명의 훌륭한 기병을 선발하여 앞뒤로 호위하여 나를 인도케 하였다.

– 『유연경』

아들의 출가의지를 되돌려 놓으려는 숫도다나의 방책은 이외에도 많았을 것이다. 위의 세 궁전도 계절에 따른 쾌적함이 아니라 앞서 말했다시피 각각 그의 다른 부인들과 싯다르타의 만남을 위한 곳이었을 가능성이 크다. 의복, 음식, 탈것, 오락 역시 최고급으로만 마련되었다. 온갖 쾌락에 젖은 아들이 세상살이에 집착하여 출가라는 말조차도 아예 잊고 살도록 말이다.

하지만 숫도다나의 이러한 의도는 별로 주효하지 못했던 것 같다. 때 맞춰 움터 오르는 새싹을 되돌려 놓을 수 없듯, 싯다르타 역시 예정된 길을 아랑곳없이 충실하게 따르는 모습을 보여준다. 이와 관련하여 불전에 전하는 예는 전형적이다. 봄을 맞아 농경제에 참석한 자리에서 절감하는 약육강식의 현실,

그로부터 멀지 않은 나무 아래에서의 명상, 도성의 네 성문에서 발견한 삶의 실상과 출가 수행의 목적, 그리고 그 자신 출가의 길을 걷기로 결심하는 일련의 과정이 그것이다.

그 가운데 농경제 참석은 결혼 이후 그의 본격적인 활동을 알리는 첫 신호로 보아도 좋을 것이다. 당시 농경제는 나라 사람 대부분이 농민이었다는 점과 농업이 기간산업이었다는 점에서 중요한 국가 행사 중의 하나였음이 분명하다. 그의 지위가 반드시 태자일 수 없다는 것은 앞에서도 말했다. 물론 태자 외의 다른 지위에 있었다는 것도 밝혀진 바 없다. 그렇다면 그가 농경제에 나간 것은 순전히 사적인 일로서, 원로회의 의장이며 실질적 통치자인 아버지 덕분이었을 것이다.

꽃 피고 새 우는 봄, 그 해 농사의 시작을 알리는 행사인 농경제! 권력자인 아버지를 따라 그 자리에 나간 아들을 두고 군이 공사의 구분을 논할 일은 없을 터. 하지만 그것이 앞으로 있을 그의 공적인 활동 여부를 결정지을 중요한 시금석은 아니었는지 생각해본다. 숫도다나로서도 학업을 모두 마치고 결혼까지 하여 성년이 된 아들 싯다르타에게 무언가 나랏일을 맡기고픈 생각이 있었을 것이다. 최고 통치자인 자신의 아들인 데다가 그 또한 그만한 자질과 성품이라면 이를 반대할 사람은 아무도 없을 터.

그 농경제가 정확히 언제쯤이었는지는 알 수 없다. 싯다르타가 결혼한 것은 앞에서 밝혔다시피 16살. 스리랑카 등의 남방설이다. 고대 인도의 전통에 의하면 제왕학을 마친 왕자들은 종종 결혼과 동시에 왕위에 오르기도 했다. 싯다르타가 그럴 수 없는 입장이었다는 것은 앞에서 밝혔다. 물론 왕이 전부는 아니다. 정치, 경제, 군사, 외교적으로 그가 활동을 펼칠 수 있는 영역은 얼마든지 있었을 것이다. 하지만 여기에도 난관이 있었다. 종주국인 꼬살라의 감시와 간섭이 그것. 그들은 당연히 유능한 석가족 인재의 진출을 달가워하지 않았을 것이다. 그들이 성장하여 자신들로부터 독립하려는 어떠한 시도도 미리 차단하지 않으면 안 되었을 테니 말이다.

이러한 상황에서 싯다르타는 차라리 날개 꺾인 독수리 같았을 것이다. 그야말로 왕 또는 장군의 길이 예비된 크샤트리아의 혈통 아니던가! 그 시대 최고의 학문과 무예를 닦은 준비된 예비지도자 아니던가! 그럼에도 자신이 설 만한 자리가 없다는 사실을 깨달은 순간, 그 한탄과 비애는 얼마나 깊었을까! 몇몇 비슷한 사건 외에, 불전에 전하는 결혼 이후 그의 삶이 오랫동안 깊은 우물처럼 침묵을 지키고 있던 이유도 여기에 있지 않을까?

허니문을 즐기는 싯다르타를 상상해 볼 수도 있을 것이다. 그 전의 기나긴 수업기간 동안 그 학생들은 절제와 집중을 실천해야 했다. 여자, 술, 유흥 등은 생각조차 할 수 없는 금욕의 나날들이었던 것. 그들의 미래는 필부의 소박한 삶이 아닌 정확한 판단과 무거운 책임의 연속이었기 때문이다. 장차 그들의 실수에 의해 수많은 백성과 영토가 한 순간 적의 손아귀에 떨어질 수도 있는 것. 그들의 이러한 금욕과 절제는 차라리 인간이 아닌 신의 영역이었는지도 모른다. 자신을 초월하여 늘 공동체 전체의 이익을 염두에 두어야 했을 테니 말이다. 이제 그 긴장과 열정의 시간을 벗어나 일상으로 돌아온 미래의 주인공들에게 필요한 것은 달콤하고 편안한 휴식뿐.

서둘러 아들을 결혼시킨 것도 숫도다나의 이러한 배려 가운데 하나였을 듯. 싯다르타가 원했든 아니든, 삼시전에 서로 다른 그의 부인들이 있었다는 내용도 마찬가지이다. 싯다르타가 혹시 바로 출가하지나 않을까 원려가 지나친 아버지와 신혼의 아름다운 신부 곁에서 그동안 그는 착한 아들로서, 그리고 자상한 남편으로서 본래의 역할에만 충실했을 수도 있다.

싯다르타가 얼마나 오래 그러한 시간을 보냈는지는 알 길이 없다. 어떤 경전에서도 수학기간 이후 출가하기 전까지 그가 언제 어디서 얼마동안 무엇을 했는지 자세히 밝히고 있지 않기 때문이다. 한 남자의 16살에서부터 29살까지의 삶은 꿈과 열정과 사랑과 도전과 의지와 용기와 동정과 책임감과 같은 단어로도 온전한 표현이 불가능하다. 모양도 없는 풋가지가 단단하고 맵시 있는 나무줄기로 자라나 이제 막 열매 맺을 무렵에 비할까! 그럼에도 농경제·사문유관·아들 출생 등과 같은 몇 토막의 일화 외에 거의 백지상태로 전하는 한 남자의 삶이란 과연 무엇일까? 14년이라는 그 공백 뒤안에서 그에게는 과연 어떤 일이 일어났던 걸까?

이를 들여다볼 수 있는 중요한 가늠자 하나가 바로 그 농경제 사건이다. 당시, 다른 사람들에게 그것은 매년 있는 그렇고 그런 농업장려 행사에 지나지 않았을지 모른다. 하지만, 숫도다나와 싯다르타 부자에게는 또 다른 의미에서 대단히 중요한 행사였다. 이를 기점으로 자신의 능력을 오래 버리어 온 한 젊은이의 미래 향방이 결정될 수도 있기 때문이었다. 그가 지금까지 자신의 아버지에게서 보고 들은 대로, 그리고 최고의 스승들에게서 배워 온 대로만 행동한다면……

하지만, 옛날 예언가들이 내다봤던 싯다르타의 경향성은 여기에서 오히려 선명하게 드러난다. 예상치 않은 그의 행동은 그 아버지는 물론 그 자리에 참석한 많은 사람들에게 알려지고…… 물론 이상의 이야기는 후대의 그 전기 작가들에 의한 것. 결국 출가하여 깨달음을 이룬 교주의 삶을 속도감 있게 보여주려다 보니 가지도 치고 잎도 잘려 성근 글이 되고 만 것이다. 앞에서도 말했지만, 농경제 당일 싯다르타가 보여준 일련의 행동은 이야기 전개상 몹시 부자연스럽지 않느냐는 말이다. 그만큼 잘 배우고 성품도 뛰어나다는 사람이 1년에 단 한 번뿐인, 아니 그 자신으로서는 결혼 이후 첫 공식 나들이인 국가 주요행사에서 그처럼 행동할 수는 없지 않느냐는 말이다.

그날 싯다르타는 아버지 일행을 따라 행사장인 들판으로 나갔다. 석가족이 살고 있던 곳은 인도 북부 히말라야산의 한 기슭. 계절의 구분이 없는 남부 지역과 달리 이곳은 비교적 사계절이 뚜렷했다. 산록은 서서히 엷은 초록빛으로 물들어오고 사람들의 얼굴도 따스한 날씨 덕분인지 복숭아빛 생기가 돌았다.

행사는 서서히 무르익어가기 시작했다. 해마다 농사를 시작할 무렵, 농업을 장려하고 농민을 격려하는 자리였다. 나라의 원로들은 원로들대로 농민들은 농민들대로 여기저기서 음식을 나누어 먹으며 와자지껄 잔치를 즐겼다. 성 안에서 나온 악단과 무용수의 눈부신 공연 앞에 구름처럼 모여든 사람들 모두 놀란 듯 눈이 휘둥그레진 것은 물론이고.

여민동락이라고 하던가! 백성들과 더불어 즐거움을 나눈다는 말. 동서고금의 군주나 통치자들이 반드시 갖추어야 할 덕목 가운데 하나이다. 해마다 몇 번씩, 지위의 고하를 막론하고 그들은 서로 어우러지는 자리를 마련했다. 화합과 협동이 필요한 농경 사회에서 절로 발생한 농경제가 대표적. 이후 그것은 위정자들에 의해 민심을 얻기 위한 고도의 통치술로 이용되기도 했다.

하지만 그것은 그들의 생각일 뿐, 순박한 농민들의 농사에 대한 열정은 차라리 신앙과도 같았다. 그것은 가족과 사회를 부양하는 주요 산업이었다. 동시에 자신과 남의 연명을 도와주는 생존 수단이기도 했다. 그날도 질펀한 잔치자리에서 얼마 떨어지지 않은 논밭 한켠에서는 그에는 조금도 관심 없다는 듯 잠시도 눈길을 주지 않고 허리 숙여 일만 하는 농민들이 있었다. 그리고 행사장의 다른 이들과 달리 연민의 눈길로 이를 지켜보는 한 사람! 바로 싯다르타였다. 나중에 그는 당시의 일을 이렇게 회상한다.

그때, 들판의 농부들은 벌거숭이였고 소에 쟁기를 매어 밭을 가는 모습이 너무 초췌해 보였다. 소가 밭을 가는 것이 늦으면 때때로 고삐를 후려쳤다. 해는 길고 날은 뜨거워 농부도 소도 모두 헐떡거리고 땀을 흘리는 것이 무척이나 고달파 보였다. 소가 쟁기를 끌고 지나갈 때 흙이 뒤집히는 곳에 벌레가 나오는 족족 새들이 달려들어 사정없이 쪼아 먹었다.

싯닷타는 쟁기를 끄는 소가 지쳤는데도 여전히 채찍에 얻어맞아 살이 터지고 멍에를 맨 목이 졸려 피가 흘러내리는 모습을 보았으며, 농부 또한 햇볕에 등이 새까맣게 탄데다 얼굴은 진흙투성이인 것을 보았다.

싯닷타는 이런 모습을 보면서 마치 자기 친족들이 고통을 당하는 것을 본 것처럼 가슴아파했다.

– 『불본행집경』 제12 유희관촉품

그들에게 다가가 이야기를 나누면서 싯다르타는 다음의 사실을 확인한다. 그들이 이렇게까지 힘들게 일할 수밖에 없는 이유는 세금 때문이라는 것. 나라 또는 지주에게 곡물이나 돈을 바쳐야 하기 때문에 먹고 사는 데 필요한 이상으로 일을 하지 않으면 안 된다는 것. 단, 이것은 평민의 경우이다. 노예 계급에 속하는 수드라들의 경우보다 더했다. 그들은 말 그대로 목

구멍에 풀칠하는 정도 외에는 꿈도 희망도 없이 모든 노동력을 착취당하는 삶을 살고 있었던 것.

이들의 비참한 실상은 벌레와 새의 먹고 먹히는 장면에서 그 가슴속에 더욱 사무쳐 왔다. 모진 채찍질로 살이 터지고 피가 흐르는 소의 모습에서 그는 삶의 비정함에 새로 눈을 떴다. 그의 이러한 인식은 다시 그 자신 농민들에 대한 세금 약탈자 가운데 하나인 동시에 강대국의 억압 밑에 있는 약소국 민중의 하나라는 데에까지 이르렀다. 그 순간, 지금까지 자신이 알고 있던 세상 밑바닥이 눈 깜짝하는 것보다 더 빨리 아래로 쿵 하고 가라앉는 느낌이었다.

현기증이던가 갈증이던가? 기분이 잠시 아득해지는 느낌이었다. 싯다르타는 더 이상 그 자리에 있을 수가 없었다. 자신을 물끄러미 쳐다보는 농민들의 시선에서 얼른 벗어나고 싶을 뿐이었다. 그가 걸음을 옮겨 찾아간 곳은 조금 떨어진 한적한 잠부나무 밑. 그는 나무 밑둥에 등을 기대고 털썩 땅바닥에 주저앉았다. 머리를 뒤로 젖힌 채 잠시 숨을 가다듬었다. 마음이 바로 고요해졌다. 그리고 그러한 상태가 한동안 계속되었다. 그렇게 한참이 흘렀다. 싯다르타 자신은 그런지조차 몰랐다.

소동이 일어난 것은 그 다음이었다. 사람들과 더불어 잔치를 즐기고 있던 숫도다나가 마침 고개를 두리번거리며 싯다르타를 찾았던 것. 자신의 아들과 함께 여기저기 참석자들을 찾아 치하도 하고 인사도 나누기 위해서였다. 숫도다나가 정작 오늘 아들을 동행한 가장 큰 이유는 바로 이것일 수도 있었다. 그 자리에 참석한 고위 관리 요소요소에 아들을 소개함으로서 어떤 형태로든 그가 공적인 활동을 앞당겨 시작할 수 있도록 뒷받침 해주려 했을 것이다.

하지만 그는 주변 어디에서도 보이지 않았다. 누군가의 입에서 최고 통치자의 외아들이 사라졌다는 말이 나왔다. 사람들이 즉각 술렁거리기 시작했다. 숫도다나는 서둘러 그들을 진정시켰다. 그리고 하급 관리들을 시켜 빨리 아들을 찾아보도록 했다. 자신도 직접 앞장서서 아들을 찾아 나섰다. 순간, 머리털이 쭈뼛 섰다. 뒤통수가 서늘해지는 느낌이었다. 설마… 이대로 떠난 것은 아니겠지?

싯다르타를 찾아낸 것은 그로부터 제법 시간이 지난 뒤의 일이었다. 행사장에서 조금 떨어진 수풀 옆 잠부나무 아래였다. 경전에서 전하는 그 다음 이야기의 줄거리는 이렇다.

숫도다나의 명으로 싯다르타를 찾아나선 대신들. 얼마 안 있어 그들은 잠부나무 아래에 있는 싯다르타를 보고 깜짝 놀란다. 깊은 선정에 들어 있어 자신들이 다가가도 알아채지 못했던 것이다. 더욱이 다른 나무들 그림자는 해를 따라 일제히 움직였는데, 싯다르타가 앉아 있는 나무의 그림자만은 그렇지 않고 그 위에 계속 시원한 그늘을 드리우고 있지 않은가!

전갈을 받은 숫도다나가 곧 아들에게 달려온 것은 당연한 일. 앞서 싯다르타를 찾아나선 여러 사람들과 함께 조심스럽게 나무 밑으로 다가갔다. 싯다르타는 아직도 선정 속에 있었다. 그런 아들 모습에 감동한 숫도다나는 자신도 모르게 그의 발에 예배하고 찬탄했다. "장하구나, 우리 태자! 네가 이리 당당하고 위엄이 있을 줄이야!" 다시, 한 자리에 가만히 있는 나무그늘 이야기를 전해 듣고 거듭 찬탄을 표했다. "장하다, 내 아들아! 애비가 널 다시 예배하지 않을 수가 없구나!"

글쎄, 숫도다나의 진심이 과연 그랬을지 의심스럽지 않을 수 없다. 위의 이야기 역시 경전에 전하는 내용의 요약. 분명한 것은, 그동안 숫도다나는 아들이 출가할까봐 거의 노심초사하는 상황이었다. 그렇지 않던가? 아들에게 삼시전을 지어주었다든지, 최고의 음식과 옷을 마련해 주었다든지, 끊이지 않는 춤과 노래로 즐겁게 해주었다든지 하는 것이 모두 그의 출가의지를 돌려놓기 위함 아니었던가!

그날 농경제에 싯다르타를 동행했던 일만해도 그렇다. 자신의 뜻대로 그동안 싯다르타의 마음을 세상 쪽으로 돌려놓는데 어느 정도 성공하지 않았느냐는 것이 그의 판단이었다. 야소다라와도 잘 지내고 좋은 음식과 의복도 물리치지 않고 또 부모에게 하는 것도 나무랄 데 없지 않던가. 그동안 오랜 학업도 마치고 신혼생활도 꽤 즐겼을 터. 그러니 이제 슬슬 아들이 포부를 펼칠 때도 되었다는 것이 그 즈음 아버지 숫도다나의 생각이었다. 그런 장성한 아들을 데리고 여봐란 듯 떡 벌어지게 행차한 것이 오늘 농경제 아니었더냐 말이다.

출가

싯다르타의 출가 동기를 사문유관에서 찾는 것이 지금까지의 공통된 시각이었다. 각각 생로병사를 뜻하는 성의 네 문에 비유하여 이 같은 설이 시작된 것으로 보인다. 그가 출가하기 얼마 전 숫도다나에게 했던 말은 이것이었다.

"죽지 않는 법을 가르쳐 주시면 아버지의 말씀대로 출가를 포기하겠습니다."

숫도다나는 이에 대해 이렇게 답변한다.

"얘야, 그런 말은 하지 마라. 세상에 그런 길이란 없다. 행여 네가 그런 말 하는 것을 남이 듣기라도 한다면 비웃음거리가 되기 십상이다."

"아버님, 제게는 출가 외에 다른 길이 없습니다."

이러한 결심을 굳히기 전까지 싯다르타는 꽤나 오랜 시간을 보낸 것 같다. 앞에서 그의 결혼 이후 이렇다 할 활동이 없는 기간이 거의 14년에 이른다고 말한 바 있다. 농경제 사건 이후 그의 공적인 활동은 일체 눈에 띄지 않는다. 아버지 숫도다나 및 주변의 판단은 어쩌면 그가 그런 생활을 하기에는 부적격자라는 인식이 있었을지 모른다. 중차대한 국가 행사에 참석해서 보여준 그의 행동은 누가 보아도 상식의 궤도에서 어긋난 일이었다. 나라 안의 내로라 하는 사람들 앞에서 그런 모습을 보여줬으니 아버지로서는 문제가 여간 심각하지 않았다.

더욱이 그 자신, 그것을 별 문제로 여기지 않는다는 것이 더욱 문제였다. 앞서 말했다시피 그가 지금까지 보여준 일련의 행동은 까마득한 과거부터 예정되어 있었던 것. 바로 최고의 깨달음과 중생구제가 그 목표 아니었던가! 아무리 크샤트리아 가문에 태어나 당대 최고의 교육을 받았다고 해도 그의 피와 의식 속에는 지워지지 않는 굳은 서원이 있었던 것이다.

그의 마지막 장애물이 갓 태어난 아들이었다는 것은 유명한 이야기이다. 출가를 앞두고 지은 아이 이름 자체가 '장애물!'이었으니 다한 말 아니겠는가! 당시 그의 출가에의 의지가 얼마나 절실하고 또 급박했는지 짐작이 가는 이야기이다.

의아스러운 것은 그의 결혼이 일렀음에도 아내의 출산은 왜 그리 늦었을까 하는 점이다. 16살에 야소다라와 결혼하여 출가 직전인 29살쯤에 아이를 낳았으니 말이다. 여러 가지 이유가 있었을 것이다. 원래 자손이 귀한 가문이었는지 모른다. 싯다르타 자신도 그의 아버지 나이 40이 지나서야 세상에 태어나지 않았던가! 평균수명이 짧은 당시로서는 요즘 나이로 거의 70~80에 자식을 본 셈. 그 아들인 싯다르타의 늦은 득남을 이상하게만 바라볼 수 없는 이유 가운데 하나이다.

원래 귀하게 자란 사람이 자식이 없거나 늦다는 설도 설득력이 있다. 싯다르타가 누린 호사를 여기에 다시 늘어놓을 필요는 없을 터. 과장도 있을 것이다. 자신의 교주를 돋보이게 하기 위해서라면 그 전기 작가들 손에서 어떤 글인들 나오지 않을까! 원래 인간의 생식이란 궁핍과 빈약 속에서 더욱 충동되기 마련이다. 흥부네의 다복은 그래서 성심리학적으로 충분히 타당하다. 숫도다나의 절대 보호 속에 자란 싯다르타는 그 반대의 예였을 수도……

아니면, 앞에서 슬쩍 넘어갔던 이야기를 지금 다시 끄집어내야 할지도 모른다. 싯다르타에게 야소다라 외에 먼저 결혼한 부인 혹은 부인들이 있었을 것이라는 이야기 말이다. 중요한 것은, 야소다라만이 아이를 출산했다는 점이다. 불전에 의하면, 그 시기는 싯다르타가 출가하기 직전. 그렇다면, 위의 이야기대로 싯다르타에게는 앞서 몇 명인가의 부인이 있었고 이들이 출산을 못하자, 늦게 그리고 마지막으로 다시 야소다라와 결혼했던 것일 수도 있다. 그리고 바로 야소다라가 출산하면서 그간 미루어졌던 대망의 출가를 감행했던 것이다.

대를 이을 아들을 낳아야만 출가를 허락하겠노라는 숫도다나의 말도 곱씹어볼 필요가 있다. 이에 의하면, 싯다르타가 출가의 뜻을 비친 것은 비교적 이른 시기로 보인다. 농경제 이후 아들이 가야 할 길을 분명히 간파한 숫도다나 역시 그 앞을 더 이상 막고 싶지는 않았을 터. 세속에서의 전륜성왕 아니면 온 중생을 구제하는 부처 아니라던가! 그도 마음속으로는 이미 작

정했지만 끝까지 남는 미련 하나. 바로 손자를 보는 것이었다. 그런데 며느리 가운데 어느 누구에게서도 반가운 소식이 없으니…… 이제나 저제나 그 아버지의 속이 타는 만큼 싯다르타 역시 마음이 급하기는 마찬가지였다. 자신의 출가가 자꾸 늦어지니 말이다. 그 과정에서 부인도 하나씩 늘어 가고 시간도 많이 흘렀던 것. 그리고 또 한 차례 야소다라와의 결혼에서 마침내 늦게 아들을 얻은 싯다르타는 7일 후 말을 타고 깊이 잠든 성을 몰래 빠져나왔던 것이다.

출가자 싯다르타

불교 수행자들이 언제부터 어떤 이유로 삭발을 했는지 정확하게 알 수는 없다. 다만 불교경전 가운데 출가 길에 오른 싯다르타가 마부 짠나와 작별하는 대목에서 미루어 짐작할 수 있을 듯. 이에 의하면, 마부 짠나가 이끄는 애마 깐다까를 타고 성을 넘어 왕궁을 빠져나온 청년 싯다르타는 마침내 오랜 숙원이던 출가 길에 나선다. 얼마 안 있어 일행은 도성에서 한참 벗어나 인적이 드문 강가에 이른다. 말에서 내린 싯다르타는 그 자리에서 자신의 호사스러운 옷을 짠나의 거친 옷으로 바꿔 입는다. 그리고 이내 짠나에게 작별을 고하면서 "이제 나는 세상 사람들과 더불어 고에서 해탈할 것을 염원하는 뜻에서 삭발하겠다."라고 말한 것으로 전한다.

그 외의 경전에서도 비슷한 내용을 확인할 수 있다. 먼저 『과거현재인과경』에서는 '태자 스스로 칼을 들고 수염과 머리를 깎으면서 이로써 일체의 번뇌와 습인이 남김없이 없어지기를 발원하였다'고 전하면서 머리카락과 번뇌를 연관 짓고 있다. 머리카락과 교만심을 엮어 말하는 경전도 있다. 『비니모경』의 '머리를 깎는 이유는 교만을 제거하고 결심을 굳게 하기 위해서'라는 구절이 그것이다. 『대지도론』에서도 '나는 머리를 깎고 승복을 입고 발우를 가지고 걸식을 한다. 이것은 교만을 부수는 방법'이라고 전한다.

이에 의하면, 불교의 삭발은 최소한 그 최초의 출가자인 싯다르타 스스로 선택한 일임을 알 수 있다. 하지만 어떤 불상이나 불화에도 그의 이러한 모습은 보이지 않는다. 출가 당시 그는 깨달음을 찾고 있는 사문이었다. 불교 탄생 이전, 그 출가 수행자와도 무관한 시절의 사문 싯다르타! 불교란 그의 깨달음 이후의 일이었다. 하지만 그 깨달음은 정작 사문 시절의 사건이었다.

사문! 불교의 출가자 혹은 승려들을 가리키는 말로서 지금도
안팎으로 널리 쓰인다. 일반의 시나 문장에도 즐겨 쓰여 읽는
사람들에게 우아하고 부드러운 느낌을 준다. 그 뿌리는 인도
전통의 브라흐만 교에 맞선 싯다르타 등의 신흥사상가, 곧 사
문들이다. 이른바 인도판 백가쟁명의 주역들이다. 활동 시기는
대략 기원전 5~6세기경. 싯다르타와 동시대였다.

몇 가지 이유에서 싯다르타는 이웃 사문들을 탐탁지 않게 여
겼다. 생각이 극단적이었다. 행동이 좌충우돌이었다. 행색이
단정하지 않았다. 그가 보기에, 가사만 걸쳤다고 바른 사문은
아니었다. 나체로 고행한다고 바른 사문은 아니었다. 흙먼지
속에서 고행한다고 바른 사문은 아니었다. 땡볕 아래에 서서
고행한다고 바른 사문은 아니었다. 나무 밑에서 지내며 수행한
다고 바른 사문은 아니었다. 탐욕과 악의와 분노와 원한이 있
는 자는 바른 사문이 아니었다. 인색하고 기만하고 질투하고
경멸하는 자는 바른 사문이 아니었다.

탐욕스러운 사람이 탐욕을 버릴 때, 악의를 품고 있는 사람이
악의를 버릴 때, 성내는 사람이 성냄을 버릴 때, 원한에 찬 사

람이 원한을 버릴 때, 그가 바른 사문이었다. 경멸하는 사람이 경멸을 버릴 때, 질투하는 사람이 질투를 버릴 때, 인색한 사람이 인색함을 버릴 때, 기만하는 사람이 기만심을 버릴 때, 그가 바른 사문이었다. 이전의 사문이 아닌, 바뀌고 달라진 모습의 사문을 석가모니는 합당하고 진정한 사문으로 간주하였다. 그리고 제자들 앞에 이를 공표하였다. 불교에서 사문이란 바로 이 '거듭난' 이들만을 가리키는 말이다.

반反 브라흐만 교라는 유일한 공통점 외에, 사문들은 행색도 제각각이고 주장도 중구난방이었다. 삭발과 관련해서도, 통일된 입장에 서 있지 않았던 듯. 당시 사문이 되는 절차 가운데 하나가 삭발이었다는 것은 틀림없는 사실이다. 싯다르타 자신도 출가에 앞서 스스로 그리하지 않았던가! 반면 그 전통을 정면으로 부정하는 사문들도 적지 않았다는 것이 학자들의 주장. 멋대로 기른 머리를 듬성듬성 땋은 모습의 결발외도가 대표적이다.

인도인들은 원래 머리카락 자르는 것을 치욕으로 여겼다는 견해도 힘을 얻는다. 이 점, '목을 자르면 잘랐지 머리는 못 자른다'는 우리 민족의 옛 신체관과 서로 통하는 부분이라 할 수도 있겠다. 자세한 이유는 알 수 없다. 어쨌든, 인도인들 역시 머리 깎는 일을 죽음보다 더 싫어했을 듯도 싶다. 죄인에게 내리는 최고의 형벌 가운데 하나가 터럭을 빡빡 미는 것이었다는 설도 있기에 말이다.

하지만 승려들의 용모 및 품행을 규정한 율장에서는 이에 대해 단호하다. 머리나 수염을 고의로 기르는 일은 출가자에게 어울리지 않으므로 반드시 깎아야 한다는 것이다. 하긴 독신 수행자가 매일 수염이나 다듬고 머리 모양이나 매만지고 있다면 도대체 언제 어떻게 수행에 전념할 수 있을까? 아무리 무심히 기른 터럭이라도 부녀자들마다 시선이 그에 쏠린다면 도대체 수행자의 위의는 어디에서 찾을 수 있을까?

더 이상의 정확한 동기와 이유는 알 수가 없다. 앞의 내용도 필자의 범속한 짐작에 불과할 뿐. 종합해 보면, 불교의 삭발에 관한 규정은 최소한 싯다르타 당시 일부 인도 사회의 수행 전통, 다른 사문들과의 차별화, 수행의 극대화를 위한 간소한 생활, 개인 및 단체 위생의 필요에 의해 교단을 형성해 가는 과정 가운데 자연스럽게 정착된 것으로 보인다. 불교 수행자로서 무지를 떨쳐내고 심신을 맑혀 얻은 깨달음으로 일체중생을 구하겠다는 표시로서 말이다.

석가모니의 식사는 하루 한 번뿐! 그것도 걸식이었다. 집이나 식당 등에서 번듯하게 차려먹는 것이 아닌, 이집 저집 다니면서 힘들여 빌어먹었던 거다. 이야말로 출가 수행자의 의무요 특권이라고까지 그는 생각했다. 당시의 주요 산업은 농업이었다. 땅을 일구어 작물을 생산하기 위해서는 부득이 많은 생명을 죽이지 않으면 안 된다. 다른 산업 역시 직간접의 살생을 저지르면서 이웃 생명체에 해악을 끼치기는 마찬가지. 그가 제자들에게 다른 생업을 갖지 않도록 타일렀던 이유이다. 대신, 출가자들은 수행으로 얻은 진리를 신도들에게 깨우쳐 줌으로써 그들의 수고로운 공양에 값하는 것이다. 걸식 요령에 대해 경전에서는 다음과 같이 말한다.

먼저 이른 새벽에 손을 씻는다. 그 다음, 7조가사를 입고 대가사는 접어 어깨 위에 얹은 다음 손에 주장자를 짚는다. 길을 걸을 때는 늘 훌륭한 법을 생각하며, 사람을 만나거든 먼저 인사를 건넨다. 마을이 가까워지면 대가사를 입으며 동구에 이르러서는 마을의 구조와 출입구 등을 미리 살펴본다.
걸식할 때는 오른손에 주장자를 짚고 왼손에 발우를 든 채 길가로 걸으면서 차례대로 행한다. 사람들이 밥을 가지고 나오면 반겨 맞지도 말고 쫓아가지도 말고 강요하지도 말고 그 자

리에 서서 받는다. 다 마친 다음에는 마을에서 나와 발우를 땅
에 내려놓은 다음 대가사를 접어 먼저와 같이 한다.

당시 출가자들은 신도들이 주는 음식을 가리지 않고 모두 받
았다. 주식으로는 쌀밥·보리밥·기장밥·조밥·피밥 등이고, 부
식으로는 국수·생선·고기·국·유가공품·야채 등등. 고기의
경우, 공양을 위해 고의로 죽인 것은 받을 수 없었다. 죽이는
모습을 보지 않고, 죽이는 소리를 듣지 않고, 믿을 만한 사람이
주는 고기가 아니면 또한 받는 것이 불가하였다.

당시 불교의 출가 수행자들은 분소의를 입었다. 남들이 집에서
쓰다가 쓰다가 더는 못쓰게 되어 내다버린 천조각으로 만든
옷. 문자 그대로 겨우 사람 똥이나 닦는 데 쓰일 만한 그렇고
그런 옷. 마을 주변의 쓰레기장이나 노천, 무덤, 혹은 시장바닥
에서 주운 천을 깨끗이 빨아 만든 옷. 그러다 보니, 색깔도 얼
룩덜룩하고 기운 모양도 제각각일 수밖에…… 흡사 털갈이가
한창인 길짐승이나 새 새끼 같은 몰골이었다. 속 모르는 사람
들이야 이보다 더 좋은 구경거리가 어디에 있었을까? 입는 방
식은 인도 전통대로 목과 손발만 내놓고 온몸에 그대로 휘감
는 거였다. 지금의 인도 의상인 사리나 도띠와 대략 마찬가지.

석가모니는 먼저 그 색깔을 정리했다. 진흙이나 식물즙을 이용해 황색 계통으로 통일하도록 했다. 원색이나 순색이 아닌 간색 혹은 혼합색만이 허용됐다. 권위·탐욕·사치·유혹·가난·굴종 등을 상징하는 각각의 색을 하나로 뭉뚱그린 빛깔, 곧 괴색이었다. 가로 세로로 천을 반듯하게 이어 기운 그 모양의 유래는 인도 농촌의 논바닥. 바둑판처럼 잘 정리된 논을 지나면서 석가모니가 아난에게 당부했다고 한다. 앞으로 비구들이 걸치는 옷은 모두 저렇게 만들라고…… 경전에서는 분소의를 입는 공덕에 대해 다음과 같이 말한다.

첫째, 몸을 가려 수치심을 덜어주는 한편 부끄러움을 알아 선한 법을 닦도록 한다. 둘째, 추위, 더위, 해충, 짐승 등으로부터 지켜주어 편안히 도를 닦도록 한다. 셋째, 보는 이로 하여금 출가사문임을 알고 기뻐하며 삿된 마음을 여의도록 한다. 넷째, 인간과 천신의 보배 깃발로 알아 공경하고 예배하는 사람으로 하여금 범천에 나도록 한다. 다섯째, 입을 때마다 보배의 탑이라고 생각하면 모든 죄가 없어지고 복덕이 생기도록 한다. 여섯째, 아름다운 색을 피해 물들여 입음으로써 오욕을 여의고 탐애가 생기지 않도록 한다. 일곱째, 부처님의 청정한 옷으로서 영원히 번뇌를 끊고 좋은 복전이 되도록 한다. 여덟째,

죄업이 소멸되면서 열 가지 선한 법이 자라나도록 한다. 아홉째, 좋은 밭과 같아서 보살의 수행을 북돋운다. 열째, 갑옷과 같아서 번뇌의 독한 화살이 침입하지 못하도록 한다.

태자 싯다르타의 삶

출가하기 전, 싯다르타는 어떻게 살고 있었을까?

불경에 의하면, 언필칭 그는 한 나라의 왕자요 태자였다. 부왕과 모후가 생존해 있는 왕가의 제1 후계자였다. 물론, 그의 조국인 카필라국은 당시 이웃의 대국 꼬살라의 속국 상태에 있었던 것이 사실이다. 외교 및 군사와 관련하여 독자적으로 어떤 권한도 행사할 수 없었던 것. 이러한 상황은 싯다르타 말년에 꼬살라가 카필라국을 침공하여 멸망시킬 때까지 계속된다.

카필라국이 처한 당시의 현실에 대해 불경에서는 특별한 언급이 없다. 싯다르타를 비롯한 석가족의 꼬살라국에 대한 울분과 통한 같은 것도 전혀 드러나 있지 않다. 큰 나라가 작은 나라를 집어삼키는 약육강식의 세태를 숙명으로 용인하였던 고대 인도인들의 사고방식 때문이었을 것으로 짐작된다.

그 속에서도 당시의 통치자인 정반왕이 염려했던 것은 국가의 장래나 백성의 안위가 아니었다. 왕위 계승자인 싯다르타의 출가 의지를 어떻게든 돌려놓으려는 것이 무엇보다 먼저였다. 깊은 내면은 알 수가 없지만, 최소한 불교 경전이 전하는 내용만으로는 그렇게 읽혀지는 것이 사실이다.

교주 석가모니의 생애에 이야기의 초점을 맞추다 보니, 후일 음울하고 패배적인 내용을 전기 작가들이 일부러 배제한 것인지도 모른다. 아니면, 당시 속국 카필라국에 대한 종주국 꼬살라의 태도가 생각보다 덜 압제적이고 덜 착취적이었는지도 모른다. 싯다르타가 원했든 아니든, 그가 누리던 궁정에서의 일상은 이에 별로 영향을 받지 않았던 것으로 보인다. 어떤 면에서는 오히려 다른 때보다 더 화려한 것은 물론, 심지어 퇴폐적이기까지 하다는 생각이 들 정도이다.

계절 변화에 따른 추위와 더위 등에 상관없이 늘 안락한 생활이 보장되는 삼시전도 그 한 예이다. 이는 물론 부왕 정반왕이 머물기 위한 곳이 아니었다. 아들 싯다르타의 출가할 마음을 돌려놓기 위해 부왕이 마련해 준 곳이었다. 그렇다 보니, 사는 데에 전혀 불편이 없는 최고의 거처였음이 분명하다. 물론 부왕이 머무르는 본래의 궁전과는 규모나 성격이 다른 별장 혹은 별궁 같은 곳이었을 것이다. 마음대로 젊음을 즐기면서 세상은 제법 살만한 곳이라는 사실을 아들이 깨달아 주기 바라는 부왕의 배려였다. 궁전마다 싯다르타의 서로 다른 아내들이 있었다는 주장도 별로 놀랍지 않게 들리는 대목이다.

이후, 싯다르타는 계절이 바뀔 때마다 세 곳의 궁전을 돌아가면서 젊은 시절을 보냈던 듯하다. 날씨가 추운 계절에는 햇볕이 따사로운 지역에 지어진 궁전에서, 더울 때는 히말라야산으로부터 불어오는 시원한 바람이 있는 궁전에서, 그리고 비가 오고 습한 계절에는 서늘하고 상쾌한 공기로 둘러싸인 궁전에서…… 그때마다 그의 곁에는 항상 젊고 아름다운 또 다른 아내가 행복한 미소를 머금은 채 함께 하고 있었음이 분명하다.

어느 곳이든 호화로운 가구들과 물건들이 방마다 가득했다. 진기한 음식과 풍요로운 살림살이는 이 세상의 것이 아닌 듯했다. 젊고 아름다운 무희와 가수들의 춤과 노래도 종일 이어졌다. 이 모두 세상일에 마음이 없는 아들의 마음을 붙잡아두려는 부왕 정반왕의 의도였다. 그가 머무는 궁전에도 무희와 가수들이 많았다. 그 가운데 젊고 유능한 이들만을 뽑아 아들의 궁전으로 보냈을 것이다. 아들의 마음을 붙잡을 수만 있다면 더한 일도 마다할 그가 아니었다.

당시, 싯다르타가 부왕의 의도를 그대로 따랐는지는 확실하지 않다. 결론적으로, 아들의 마음을 붙잡으려는 아버지의 시도는 보기 좋게 실패했다. 심지어 자신의 처와 자식까지 뒤로 하고 아들은 애초 마음먹은 대로 끝내 출가를 선택했기 때문이다. 이를 두고 당시 싯다르타가 부왕의 모든 배려를 거부하거나 외면했다고 속단해서는 안 될 것이다. 그 역시 아직은 혈기가 뜨거운 세상의 한 남자에 지나지 않았기 때문이다. 분명한 것은, 당시 그가 그러한 안락과 향락에 깊이 빠지지 않았다는 사실이다. 출가 이후, 싯다르타는 당시의 삶을 이렇게 회상한다.

"나는 호강하며, 매우 호강하며, 극히 호강하며 살았다. 아버지 집에 있을 때 사람들은 나에게 연못을 만들어 주었다. 한 곳에서는 푸른 연꽃이, 한 곳에서는 하얀 연꽃이, 한 곳에서는 붉은 연꽃이 피어났다. 그것은 오로지 나만을 위한 것이었다. 나는 베나레스에서 나는 향유밖에 쓰지 않았다. 두건·상의·하의·덧옷의 천 모두 베나레스에서 나는 것이었다. 또한 사람들은 내가 추위·흙먼지·풀덤불·이슬 따위로 불편을 겪지 않도록 밤낮으로 하얀 일산을 받쳐 주었다."

"나는 여자의 몸·음성·냄새·미감·손길만큼 남자의 생각을 사로잡는 몸·음성·냄새·미감·손길을 알지 못한다. 나는 남자의 몸·음성·냄새·미감·손길만큼 여자의 생각을 사로잡는 몸·음성·냄새·미감·손길을 알지 못한다."

"일찍이 집에서 살고 있을 때, 나는 오감을 통해 의식 안으로 들어오는 것들을 받아들였다. 눈으로는 눈으로 볼 수 있는 형태들을 즐겼고, 귀로는 소리들을, 코로는 향기들을 즐겼으며, 혀로는 과즙들을, 촉각으로는 몸에 닿는 것들을 즐겼다. 그렇게 하기를 원하고, 사랑스럽고 짜릿하고, 소중하다고 생각되는 것들을…… 넉 달 동안의 우기에는 악사들에게 둘러싸여 궁을 일체 떠나지 않았다."

"다른 사람들 집에서는 하인과 종들에게 쌀겨에 소금죽을 섞어주었으나, 내 아버지의 집에서는 종과 하인들에게 쌀밥과 고기로 된 음식을 주었다."

반면, 싯다르타의 마음 한편에서는 다음과 같은 회의와 번민이

계속 꿈틀거리고 있었음도 사실이다.

"호강하며 살면서 나는 이러한 생각이 들었다. '어리석은 인간은 자신 역시 늙음·질병·죽음 아래 던져진 채 그로부터 빠져나갈 수도 없으면서 노인과 병자와 죽은 자를 볼 때마다 자신의 처지를 잊고 가슴 답답해하고 놀라고 진저리를 친다. 생각해 보면 나 역시 늙음·질병·죽음 아래 던져져 있는 몸이고 그것들을 피할 수가 없다. 그런 내가 노인·병자·죽은 자를 보면서 가슴 답답해하고 놀라고 진저리를 친다면 그것은 옳지 않은 일이다.' 이렇게 생각하자, 젊음·건강·생명에 대한 열망이 내게서 곧 사라졌다."

"샤카족인 아버지가 힘들여 일을 하고 있을 때, 서늘한 정향나무 그늘 아래 조용히 앉아있던 일이 기억난다. 번잡한 일로부터 멀리 떨어져 있으면서…… 나는 평안과 행복을 얻었다."

"나는 그동안 생로병사·번뇌·미혹으로 빠져드는 일을 추구하고 있었다. 그러다가 문득 생각했다. 어째서 나는 이들에게 굴복하는 일을 좇고 있는가? 그 정체를 알았으니 이제 이들에게 승리하는 것, 열반을 추구하여야 하지 않겠는가?"

"나는 집이란 감옥이며 더러운 곳이라는 생각이 들었다. 사문은 자유로운 하늘 아래에서 산다. …… 머리와 수염을 깎고 노란 가사를 걸치고 출가의 길을 떠나야 하지 않을까?"

그리고, 마침내 그는 사문의 길을 따라 부모 곁을 떠난다.

"얼마 후 아직 젊어 머리털도 검고 한창 혈기 왕성할 때, 나는 눈물로 만류하는 부모의 뜻을 거역하고 머리와 수염을 자르고 노란 가사를 걸친 채 출가의 길로 나아갔다."

사문 석가모니의 삶

궁전을 떠나 사문이 된 싯다르타의 삶은 다음의 네 가지에 의지했다. 경전에서는 이를 '사의지', 곧 살아가면서 의지할 네 가지라고 부른다. 빌어먹고 산다, 나무 밑에서 잔다, 주운 천으로 몸을 가린다, 소오줌을 약으로 쓴다는 것이 그것. 한마디로 도 닦으면서 살아가는 사문의 의식주 및 건강유지법 그것이었다.

이들의 삶이 일반인과 다르다는 것은 더 이상 설명이 필요없을 것이다. 그 가운데 겉으로 드러난 가장 큰 특징이 바로 '사의지'일 것이다. 평범한 삶을 살아가는 사람들로서는 생각하기도 어렵고 실천하기는 더욱 어려운 일. 더구나 갖은 호사와 안락 속에서 젊음을 보내던 싯다르타로서는 막상 꿈속처럼 전혀 비현실적인 것으로 생각됐을지 모른다.

사실, 그는 이미 태자 시절 성문 밖에서 만난 사문을 통해 그들의 삶을 대강 접한 터였다. 그동안 그러한 삶을 꿈꾸고 동경하면서 어느 정도 마음의 준비가 되어 있던 터였다. 출가 당일, 자신의 손으로 직접 머리를 깎은 다음 호사스러운 태자복을 마부 짠나의 헤진 옷으로 바꿔 입고 총총히 숲으로 걸어 들어갔던 것도 그러한 준비가 있었기 때문이었다.

이제, 그가 먹는 매일 매일의 식사는 더 이상 궁전의 성찬이 아니었다. 진기한 음식이 가득한 호화로운 식탁 앞에서 시종들과 함께 자신을 기다리던 사랑하는 아내의 모습도 더 이상 볼 수 없었다. 세 끼 식사 외에 먹던 기름진 간식도 더 이상 기대해서는 안 되었다. 아니, 세 끼는커녕 한 끼 식사조차도 기약할 수 없는 것이 사문의 삶이었다. 그마저도, 가난하든 부자이든 사람들이 주는 대로 받아먹어야 하는 것이 사문의 법도.

물론 모든 나무는 여전히 그에게 따가운 햇볕을 가려주는 고마운 존재였다. 그 짙고 푸른 녹음은 여전히 그의 갈급한 마음을 식혀주는 청량제와 다름없었다. 바람결에 일렁이는 수많은 잎사귀들의 노래는 여전히 그의 발걸음을 가볍게 했다. 하지만, 그 외에도 나무는 이제 궁전을 떠나 진리의 여행길에 오른 그의 잠자리였다. 몸에 닿았는지도 모를 정도로 부드럽고 푹신한 비단 이불 따위는 이제 그만 잊어야 했다.

사실, 이들의 잠자리는 나무 아래만이 아니었다. 깊은 숲·산중턱·동굴·무덤가·나무숲·평지·수풀 등도 집이요 수행처였다. 모두가 저절로 형성된 자연물이거나 그러한 장소였다. 짐승들이 그러하듯, 이들 역시 아무런 애착도 가질 필요 없는 그러한 곳에 깃들어 살았다.

물론, 아무리 급해도 머물러서는 안 되는 곳이 있었다. 신변의 안전이나 휴식이 보장되지 않는 곳·남의 눈에 띄어 웃음거리가 되기 쉬운 곳 등이다. 나무 틈바구니·나뭇가지 위·노천·앉거나 누울 수 없는 곳·시체안치소·일산·토관 등이 그것.

나무 틈바구니에는 대개 사나운 짐승들이 살고 있기 마련. 그들에게 해를 입거나 반대로 해를 입혀서는 안 되었기 때문이다. 나뭇가지 역시 새들이나 짐승들의 보금자리이지 사람이 살기에는 적당하지 않다. 앉거나 누울 수 없는 곳은 따로 설명이 필요 없을 듯. 시체안치소는 전염병의 위험도 있고 다른 사람들을 놀라게 할 수도 있다. 일산을 치고 그 아래 산다는 것은 아무래도 가난한 사문에게는 어울리지 않는 일. 토관이란 흙으로 빚어 구운 좁고 기다란 용기로서 그 속에 사람이 들어가 뒹굴고 있으면 딱 남의 놀림감이 되기 십상이었다.

주운 천으로 몸을 가린다는 것은 이들의 의생활을 말한다. 그것은 사람에게 옷이 필요한 이유를 겨우 충족시키는 정도였다. 모양과 색깔과 소재 등에 애착하지 않고 사문 본연의 길에 충실하기 위함이었다. 하긴, 아무런 소득도 의무도 없는 그들로서는 당연한 일이었을 터. 더욱이 옷감이 귀한 당시로서는 계절마다 자리마다 사문들이 새옷을 맞추어 입는다는 것이 어디 가당하기나 한 일이었을까? 시체를 감쌌던 천·시장 바닥에 떨어진 베조각·오물을 닦고 버려진 걸레조차도 진리를 좇는 몸뚱이를 가리는 데에는 나름 충분하다는 것이 이들의 갸륵한 생각이었다.

싯다르타도 일찍이 이들의 생활을 짐작하여 마부 짠나에게 태자복을 벗어주고 출가길에 올랐던 터였다. 하지만 실제로 접한 출가 생활의 지독한 궁핍 앞에서 그의 심정은 얼마나 막막했을까. 물론 그것은 그들 스스로 택한 청빈이요 의무로서 실제의 궁핍과는 거리가 멀었다. 오히려, 그 모든 속박으로부터 벗어났다는 해방감 덕분에 그에게는 그 남루가 자유의 날개처럼 느껴졌을지 모른다.

소오줌을 약으로 쓰면서 살아가는 사문의 삶이란 일반인으로서는 쉬이 짐작하기 어려운 고난의 연속이었을 것이다. 가족과 친지를 떠나 홀로 수행에 나선 사람들은 각오도 남달라야 한다. 음식·의복·잠자리는 물론, 몸과 마음에 병이 났을 때도 홀로 이에 대처하지 않으면 안 된다. 그 중 가장 고통스러울 때는 바로 병이 났을 때. 새삼, 부모와 고향과 가족들 생각에 처음의 결심이 무너지기 쉬운 것도 이때이다.

그럼에도, 사자처럼 씩씩한 수행자들은 손수 마련한 약으로 때마다 이를 극복했다. 다름 아닌, 소의 오줌을 적당히 묵힌 것이 그것. 자세한 약효는 알 수 없지만, 어떻게 해서든 병을 이기겠노라는 저들의 의지가 더해져 신통한 효험을 발했던 것으로 보인다. 물론 이것을 만병통치약으로 여기지는 않았을 것이다. 혹시 병을 핑계 삼아 온갖 치료약에 매달리는 동안 바짝 조였던 수행의 끈도 함께 늦추어지지 않을까 염려하여 저들끼리

마련한 원칙인 듯.

사문, 깨달음의 용광로

순수한 사문으로서의 싯다르타의 행적은 자세하게 밝혀진 것이 없다. 경전에 전하는 내용은 초기의 일부 구도여정 및 잇따른 고행에서 벗어나 마침내 떠오르는 새벽별을 보고 깨달음에 이르렀다는 정도. 사상 및 종교적으로 지금까지의 오래되고 굳은 껍질을 깨고 인류 정신문명의 찬란한 새 시대를 여는 과정에 대한 깊은 연구가 거듭 요청되는 대목이다.

그의 사문으로서의 삶은 불교라는 새로운 보고의 발견으로 이어지는 기나긴 시험대요 단련의 장이었다. 그리고 그 열매는 시간과 공간을 초월해 현대 사회의 많은 사람들에게도 지혜의 단맛을 전하고 있다. 이는 모든 사상을 자유롭게 펼치고 또한 추구하려는 사문들의 일반적인 경향에 비추어보아도 대단히 특기할 만한 일이 아닐 수 없다. 사상 역시 상품과 마찬가지로 출현의 동기와 수요가 미약하면 금방 사라지기 마련이다.

고대 인도사회에서, 기존의 인도 전통종교 외에 새로운 사문 전통에서 탄생한 사상 및 종교적 교설은 불교 외에도 아주 많았을 것이다. 그 가운데 자이나교 등과 더불어 불교의 교설이 지금까지 꿋꿋한 생명력을 보여주는 데에는 싯다르타의 사문 수업이 그만큼 진정성과 깊이를 담보하고 있다는 말에 다름 아닐 것이다.

이 책은 태자 싯다르타가 그 깊이와 진정성을 가지고 자신 앞의 새로운 삶 속으로 뛰어들기까지의 과정을 담고 있다. 충분한 고찰로 보기는 힘들 것이다. 지금으로서는, 기존의 석가모니 전기 혹은 그에 관한 현대의 많은 저술에서 간과한 부분을 환기하는 정도에 그치고자 한다. 특히, 소년 및 청년기에 걸친 그의 제왕수업을 통해 그 내면에 형성된 사고와 의식을 살피는 데에 초점을 두고자 했던 것이 필자의 의도였다. 사문 시절의 깨달음을 통해 불교의 교주이자 세계적인 성인으로 거듭 태어난 석가모니의 원형적 사고를 파악할 수 있지 않을까 하는 생각에서였다. 하지만, 자료 및 해석 방법의 한계로 인해 그의 보다 내밀한 정신을 드러내는 데에는 한계가 있었음을 인정하지 않을 수 없다. 새로운 정진을 기약할 뿐이다.

박이오

1955년, 대전에서 태어났다. 오랫동안 불교 및 인문학에 관심을 가지고 천착해 왔으며, 이와 관련한 번역과 창작일을 하고 있다. 편역서로 『실리론』, 역서로 『한 걸음 또 한 걸음』, 『마조어록』, 『생명조류』, 『유마경』, 『마음으로 하는 다이어트』, 『가까운 일본 낯선 일본인』 등이 있으며, 「처음 만나는 불교」 시리즈를 집필하고 있다.

청년 붓다, 대자유의 길을 찾아 떠나다

초판 1쇄 인쇄 2013년 7월 24일 | 초판 1쇄 발행 2013년 7월 30일
지은이 박이오 | 펴낸이 김시열
펴낸곳 도서출판 운주사

　　(136-034) 서울 성북구 동소문동4가 270번지 성심빌딩 3층
　　전화 (02) 926-8361 | 팩스 0505-115-8361
ISBN 978-89-5746-349-9 04220　 값 9,000원
ISBN 978-89-5746-348-2 (총서)
http://cafe.daum.net/unjubooks 〈다음카페: 도서출판 운주사〉